Valentín Rincón
Ilustraciones de Alejandro Magallanes

Acertijero

Valentín Rincón

Segunda edición: Producciones Sin Sentido Común, 2015

D.R. © 2015, Producciones Sin Sentido Común, S.A. de C.V.
    Avenida Revolución 1181, piso 7,
    colonia Merced Gómez,
    03930, México, D.F.

Texto © Valentín Rincón
Ilustraciones © Alejandro Magallanes

ISBN: 978-607-8237-75-3

Impreso en México

Valentín Rincón
Ilustraciones de Alejandro Magallanes

NOS
TRA
EDICIONES

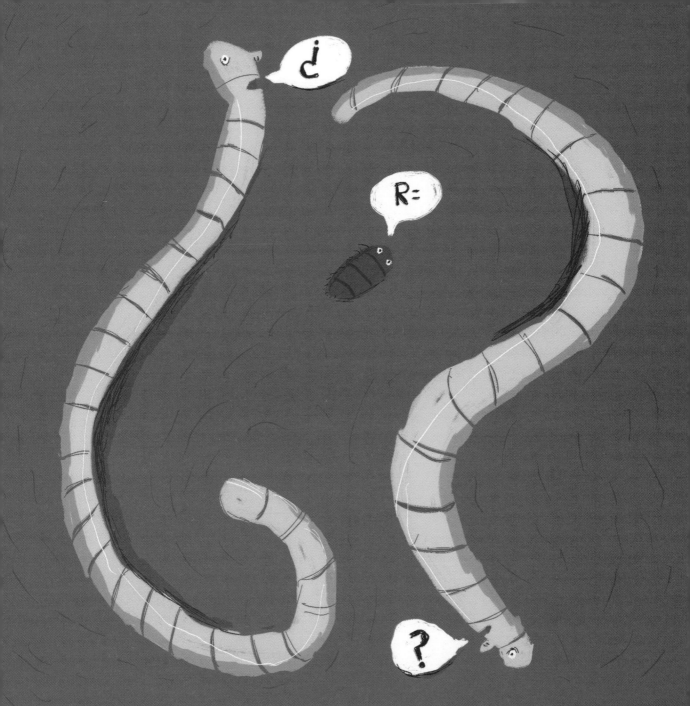

Las lombrices plantean un acertijo que es resuelto por la cochinilla.

INTRODUCCIÓN

Los acertijos constituyen un elemento representativo de un pueblo. Son una rica veta de ingenio y sabor en su cultura: reflejan su forma de hablar, de hacer humorismo, de ver la vida.

El tema de los acertijos es amplio. La gama de ellos es extensa, pues van desde los lingüísticos y humorísticos, que son muy populares, como los *colmos*, los *¿en qué se parece…?*, los *¿qué le dijo…?*; hasta los sesudos problemas lógicos o matemáticos. Llamaré a los primeros *lingüístico-humorísticos* y a los segundos simplemente *problemas*.

Los acertijos populares son por lo general breves, mientras que los acertijos cultos son más amplios y con un entorno lingüístico y sociocultural mucho más complejo. Sin embargo, no hay una delimitación clara entre unos y otros.

Los acertijos que conforman este libro son en extremo variados, y para confirmarlo basta con observar el índice. El concepto de la palabra acertijo, como quedó señalado, es amplio; la Real Academia Española nos dice que acertijo es una "especie de enigma para entretenerse en acertarlo". Ahora bien, hay quien piensa que esta definición no le hace justicia al acertijo, porque éste representa parte de nuestra raíz cultural, y por ello se empeña en devolver al acertijo su relevante condición histórica y asignarle una definición más amplia. Reuní en este *Acertijero* los ejemplos que me parecieron más ingeniosos, divertidos, ricos, desde el enfoque literario, u originales, así como acertijos de mi invención, sin emitir una definición ni cuestionar la que señala la Real Academia Española.

El acertijo puede ser una adivinanza, una frase, un dibujo en el que se describe indirectamente algo cuya adivinación se propone: una enigmática pregunta capciosa, o bien, como ya se dijo, un problema que requiere para su solución de un razonamiento elaborado. Esta obra incluye también los *problemas* porque, al fin y al cabo, son enigmas a resolver y brindan entretenimiento.

Algún pensador, en su afán por definir la inteligencia o dar un concepto de ella, ha expresado, entre otras definiciones, que es la capacidad para resolver problemas. Desde tiempos remotos, el ser humano efectivamente se ha enfrentado a problemas inesperados, y a veces amenazantes a su seguridad, y los ha resuelto con ingenio. Gracias a ello ha sobrevivido.

El ingenio es connatural al ser humano y le distingue de los seres *no racionales*. A través de la historia, el ser humano *se las ha ingeniado*, ha desarrollado inventos y ha modificado la naturaleza a su favor… ¿A su favor? He aquí un buen enigma. Ojalá que en un futuro el ser humano demuestre el suficiente ingenio como para evitar la destrucción de la naturaleza que él mismo ha propiciado y de esta suerte resuelva éste, su gran acertijo.

Cuando el acertijo se enuncia en verso y en su planteamiento define algo que hay que *adivinar*, o acertar, constituye la clásica adivinanza.

Un elemento importante que contienen muchos acertijos es lo capcioso. Este elemento le da al enigma un baño de interés y le pone la pimienta.

El *Acertijero*, como señalé al principio, incluye básicamente dos tipos de ejemplos que vienen a constituir dos grandes rubros: los *lingüístico-humorísticos* y los *problemas*. Los primeros, más que una solución muy seria, llegan a una un tanto humorística, sorpresiva y no estrictamente lógica. Muchas veces, inclusive, pueden admitir varias

B. y R. tenían un enemigo que se llamaba El acertijo.
En este momento tratan de averiguar la respuesta a uno de sus acertijos.
Mientras tanto, el villano huye con el botín. Ni B. ni R. pudieron jamás resolver el enigma.

Ayer me di cuenta de que los símbolos de interrogación parecen focos.

soluciones. En su mayoría están impregnados del elemento broma. Los segundos, en cambio, se pueden calificar de *serios* y, salvo excepciones, admiten una única solución.

Entre estos últimos figuran los problemas matemáticos, los lógicos, los de parentesco, los de pensamiento lateral y otros similares.

Ejemplo de los *lingüístico-humorísticos* es el siguiente:

¿Qué le dijo la luna al sol?
¡Tan grandote y no te dejan salir de noche!

Ejemplo de los *problemas* es el siguiente:

El lechero justo
Justo, el lechero, dispone únicamente de
dos jarras de tres y cinco litros de capacidad
para medir la leche que vende a sus clientes.
¿Cómo podrá Justo medir un litro
sin desperdiciar la leche?*

* La respuesta la podrás encontrar en la página 173.

El acertijo, amable lector, implica un reto, un desafío. Quizá algunas veces encuentres la solución fácilmente o bien aciertes de inmediato, pero en algunas ocasiones, sobre todo en los *problemas*, encontrarás que la solución no es fácil y acaso la percibirás como casi imposible de hallar.

En tales casos, te sugiero que no recurras de inmediato a la solución anotada, pues le restarás diversión al juego. En vez de eso, puedes dejar ese problema para después y resolver otros. Muy probablemente surgirán en tu mente nuevos caminos hacia la solución buscada. Además, al resolver otros problemas similares encontrarás nuevas armas para enfrentarte al reto que al principio te pareció difícil.

Las novelas y los cuentos policíacos son verdaderos acertijos pues, además de su mayor o menor riqueza literaria, implican un enigma a resolver, y, en aras del deleite del lector, no conviene escudriñar el final de la novela para prematuramente saber quién es el asesino.

Se ha dicho que resolver problemas hace que la mente permanezca en un constante ejercicio; resolver acertijos viene a ser una suerte de entrenamiento para mantenerla ágil y efectiva. También se habla de la diversión que proporciona esta práctica. Ahora bien, entre mis metas está brindar ese entrenamiento y esa diversión a los lectores.

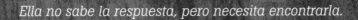

Ella no sabe la respuesta, pero necesita encontrarla.

En algunos casos marqué los *problemas* con una acotación, para que el lector sepa a qué tipo de enigma se enfrenta.

Las acotaciones son las siguientes:

Pensamiento lateral **PL**

Capcioso **C**

Humorísticos o en broma **H**

De cultura general **CG**

Relacionados con la Biblia o la religión católica **R**

En estas circunstancias el lector puede orientar en determinada forma su razonamiento y en ningún caso se sentirá defraudado al conocer la solución que señalo.

Es conveniente aclarar que en todos los acertijos relacionados con palabras, por supuesto, me refiero a palabras del idioma español.

Pensamiento lateral **PL**

Cuando se nos presenta un problema, comúnmente buscamos la solución siguiendo pautas tradicionales. A veces damos por cierto lo que podríamos y deberíamos poner en duda. Tomamos por obvio aquello que no lo es. Algunos autores llaman a esto pensar *de frente*, *pensar en una sola dirección* o *pensar verticalmente*. Por el contrario, el hecho de poner en duda, lo que se debe poner en duda, de acuerdo con el planteamiento del problema, es uno de los elementos esenciales del pensamiento lateral.

> **Para resolver determinados problemas se requiere de un tipo de razonamiento que no es el tradicional, que no es el que la mayoría de las personas abordaría.**

Conviene tener una sensibilidad *a flor de piel* para percibir detalles aparentemente insignificantes o superfluos, y suficiente voluntad para observar todos los pormenores del planteamiento de un enigma. Se requiere, en fin, buscar soluciones imaginativas que se aparten del tradicional enfoque *de frente*. A este modo de percibir el problema se le ha llamado pensamiento lateral.

En el pensamiento lateral está presente cierto elemento de *finura* en la percepción, que lo aparta del enfoque *lógico* y *racional* al que tendemos por inercia, pero que resulta demasiado grueso para el desentrañamiento de algunos enigmas.

Por ejemplo, si en el problema está presente el elemento numérico, a veces creemos que sólo se trata de hacer cuentas, sin advertir que la solución puede radicar en algún otro elemento. Otras veces olvidamos un *detallito* del planteamiento del problema, porque ese *detallito* se pierde en la bruma del resto del enunciado, a veces hecho de manera capciosa. ¿Cuántas veces habremos olvidado esos pequeños detalles en los problemas que nos presenta la vida?

En ocasiones damos por sentado que algún personaje es masculino, por ejemplo, cuando nos mencionan a *una eminencia científica*, pues sólo concebimos que se trata de un hombre. Tal hecho ocurre por un exceso de tradicionalismo hasta cierto punto machista.

Dentro del pensamiento lateral esa inercia tiende a eliminarse.

Una característica curiosa del pensamiento lateral es que, en ocasiones, alguien que no pudo resolver el problema, al conocer su solución, exclama: **"¡Pero cómo es posible que no se me haya ocurrido!"** Esto demuestra que el pensamiento lateral, de algún modo, es sencillo. Basta con encontrar el enfoque adecuado.

Ejemplo de problema de pensamiento lateral:

Loro listo

Don Venancio, dueño de una pajarería, le aseguró a la tía Lola: "Este loro es capaz de repetir todo lo que oiga". Una semana después, la tía Lola estaba de vuelta en la tienda, protestando porque el loro no decía ni una sola palabra. Sin embargo, el vendedor no había mentido.

¿Cómo puede ser esto cierto?*

Como se mencionó antes, muchos de los acertijos tienen algo de capcioso y son, en cierto grado, de pensamiento lateral. Los marcados con la acotación respectiva (PL) son los que, en mayor medida, participan de las características del típico problema de pensamiento lateral.

* La respuesta la podrás encontrar en la página 135.

Capcioso

Al recurrir al diccionario de la Real Academia de la Lengua Española sabemos que capcioso significa insidioso: "Se aplica al argumento, razonamiento, pregunta, etcétera, hecho con habilidad para hacer caer al contrario en una trampa". En el acertijo capcioso hay una pequeña dificultad oculta que ha de generar una solución inesperada y sorprendente.

Ejemplo:

¿Qué ciudad michoacana se escribe con amor?
Zamora (Zamora).

Humorísticos o en broma

Un acertijo humorístico tiene una solución que se aparta de la lógica y allí radica su humorismo. En realidad, tiene una solución *lógica* entre comillas. Muchos niños y algunos adultos gustan mucho de este tipo de acertijos.

Ejemplo:

¿Dónde lleva la H el melocotón?
En el hueso.

De cultura general

Como es de suponerse, estos enigmas no implican razonamiento, sino precisamente cultura general que, a veces, conviene poner a prueba. Vienen a matizar la gama de acertijos de esta colección.

Ejemplo:

¿En qué continente se encuentra Egipto?

En África.

Relacionados con la Biblia o la religión católica 🅡

Estos acertijos se refieren al relato bíblico. Se acotaron porque son muy característicos y gustan de manera especial a algunas personas.

En realidad, casi todos tienen su elemento de humorismo y son algo capciosos.

Ejemplo:

¿Quién mató a Caín?

Nadie que sepamos. Lo que sabemos es que fue Caín quien mató a Abel.

Los acertijos gustan por muchas razones. Algunas personas quieren poner a prueba su propio ingenio; otras, adicionalmente, desean ejercitar su cerebro y así tenerlo siempre listo para la resolución de los problemas que presenta la vida misma. Hay quien gusta de plantear acertijos a amigos y parientes, y de esta manera proponer una competencia amistosa: **"Si lo resuelves, ganas; si no, gano yo"**. Además, revelar la muchas veces sorprendente solución origina cierto placer. Hay quien dice que gusta de resolver acertijos simplemente para divertirse o para *pasar el rato* y plantearlos a otros para propiciar un momento agradable de solaz.

Quise brindar satisfacciones diversas para los distintos lectores de este *Acertijero*. Ojalá que se cumpla este propósito.

Valentín Rincón

LINGÜÍSTICO-

hu

n

La calle de Diego Becerra **QUE** la becerra de Diego en la calle.

Dos bicicletas viejas **QUE** dos viejas en bicicleta.

La avenida Barranca del Muerto **QUE** el muerto ha venido de la barranca.

Las calles de General Prim **QUE** las primas del general Calles.

Retruécanos o NO es lo

La gimnasia **QUE** la magnesia.

Este camafeo de la abuela **QUE** esté un feo en la cama de la abuela.

Catalina de Médicis **QUE** ¡qué me decís, Catalina!

Yo como cerdo **QUE** yo como como cerdo.

Comer palomitas de maíz **QUE** las palomitas se comen el maíz.

Un partido político **QUE** un político partido.

Un tipo apático **QUE** un pato atípico.

Cuernos de la abundancia **QUE** la abundancia de cuernos.

mismo

Discos de amor **QUE** a mordiscos.

Gabino ven `**QUE** ivenga vino!

El enamorado **QUE** el enano morado.

Tener medias negras **QUE** vértelas negras para tener medias.

El equilibrista tiene sesos **QUE** el equilibrista se sostiene.

Un viejo mojigato **QUE** un gato moje a un viejo.

Escoja su majestad **QUE** su majestad es coja.

Una estrella que corre **QUE** una que corre y se estrella.

mismo

Feliz año nuevo **QUE** Felisa, me muero.

Una ración de ave **QUE** una aberración.

La guerra del Golfo Pérsico **QUE** persigo al golfo de Guerra.

Las ranas del amo **QUE** las almorranas.

Un rincón en el Peloponeso **QUE** Pelón, pon eso en el rincón.

Frank Sinatra **QUE** flan sin nata.

Gente de mar **QUE** la mar de gente.

No es lo

Radiar un partido **QUE** partir un radio.

Un hijo canoso **QUE** un oso canijo.

Irse la mona a dormir **QUE** irse a dormir la mona.

Libros de texto **QUE** detesto los libros.

No es lo mismo

Una mona
muy chica
QUE una
chica muy
mona.

¡Ay, qué dolores de piernas! **QUE** ¡Ay, qué piernas de Dolores!

Comer sin ganas **QUE** no comer porque no ganas.

La tormenta se avecina **QUE** la vecina se atormenta.

Movimientos sísmicos **QUE** seis micos en movimiento.

Un parche poroso **QUE** un oso con parche.

NO es lo

Once jugadores en calzones detrás de una pelota **QUE** once jugadores en pelotas detrás de unos calzones.

Gorra de viaje **QUE** viajé de gorra.

Pásame la pinza **QUE** písame la panza.

Perder un minuto en la vida **QUE** perder la vida en un minuto.

Un periodista sin sucesos **QUE** un periodista sin sus sesos.

El perro de Charles Boyer **QUE** voy a echarles el perro.

Santiago de Compostela **QUE** compóntelas como puedas Santiago.

mismo

El río Mississippi **QUE** m'hice pipí en el río.

Piedra menuda **QUE** menuda piedra.

Tratar de tener contacto con María **QUE** tener que tratar a María con tacto.

¿En qué se parece...

...un aeropuerto a una estética?

En el aeropuerto aterrizan y en la estética te rizan.

...un elefante a una cama?

En que el elefante es paquidermo y la cama es *pa qui duermas*.

...un chaperón a un camión repartidor de coca cola?

En que ¡cómo estorban!

...una almeja a los calcetines?

En que la almeja es un molusquito y los calcetines *mo lus quito* y *mo lus pongo*.

...una vaca a un aficionado taurino?

En que a los dos les gustan los toros.

...un alpinista a un hijo descarriado?

En que ninguno va por el buen camino.

...un saco muy viejo a un hotel pobre?

En que ninguno tiene botones.

...un caracol al pan?

En que el caracol es un molusco y el pan *mo lus comemos*.

¿En qué se parecen
los árboles a un borracho?

En que los árboles tienen copas y el borracho siempre lleva copas de más.

¿En qué se...

...un elevador a una camisa?

En que los dos llevan botones.

...un coche, un camión y la familia?

En que el coche y el camión tienen ruedas.
—¿Y la familia?
—Bien, gracias.

...un barco de China a un bar sucio?

En que uno es un barco chino y el otro, un bar cochino.

...un balcón al corazón?

En que en el balcón hay macetas y el corazón *m'ace tas, tas, tas...*

...la cajeta de Celaya a un mosquito?

En que la cajeta es típica y el mosquito *ti pica*

...un campo de batalla a un rebaño de ovejas?

En que en ambas, una bala por aquí y otra bala por allá.

...una casa incendiada a otra deshabitada?

En que en una salen llamas y en la otra llamas y no salen.

ué

...el cigarro a la casa de un pobre?

En que el cigarro tiene nicotina y la casa de un pobre *ni cotina,* ni comedor, ni sala, ni nada.

...los dedos a los huevos?

En que tienen yemas.

...un estudiante a un río?

En que los dos quieren seguir su curso sin abandonar el lecho.

...un chiste a una corbata?

En que el chiste es una humorada y la corbata puede ser roja, gris, verde, azul... u morada.

...la cuesta de una montaña a las orejas de una mujer?

En que ambas tienen pendientes.

parece...

...el fuego a la sed?

En que se apagan con el agua.

¿En qué se parece

el sanitario al ataúd?

En que cuando tienes que ir,
¡tienes que ir!

¿En qué se parece...

...un hombre que mata a su padre a la mano derecha?

En que el que mata a su padre es un parricida y la mano derecha es *parricida* a la izquierda.

...el número 111 a un médico?

En que los dos empiezan con uno, siguen con uno y terminan con uno.

...un globo de gas a una lavandera?

En que el globo de gas tiende a subir y la lavandera sube a tender.

...el policía que lleva a una monja detenida a uno que se ha sacado la lotería?

En que los dos llevan una *sor-presa*.

...una lavandera a una bailarina retirada?

En que la lavandera *va y lava* y la bailarina retirada *bailaba*.

...el imperialismo a un vestido entallado?

En que los dos oprimen a las masas.

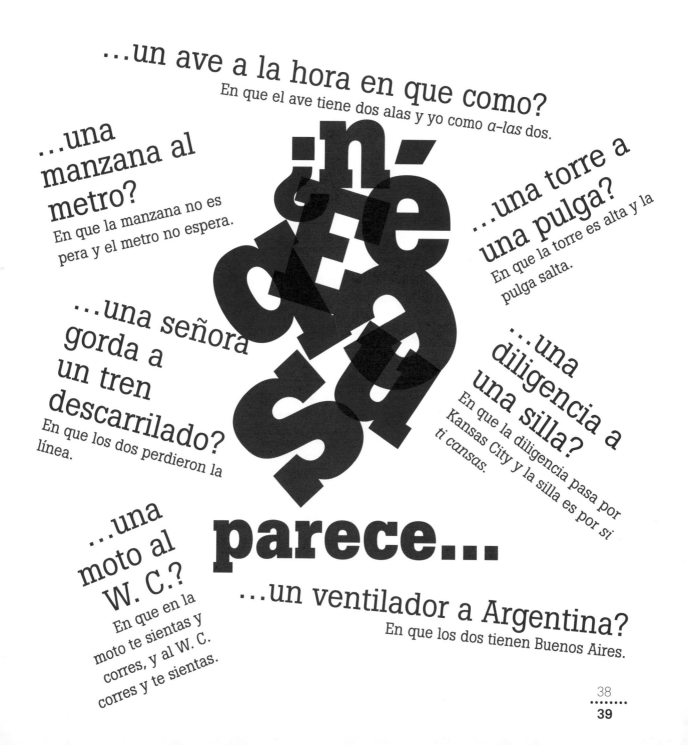

…un ave a la hora en que como?
En que el ave tiene dos alas y yo como a-las dos.

…una manzana al metro?
En que la manzana no es pera y el metro no espera.

…una torre a una pulga?
En que la torre es alta y la pulga salta.

…una señora gorda a un tren descarrilado?
En que los dos perdieron la línea.

…una diligencia a una silla?
En que la diligencia pasa por Kansas City y la silla es por sí ti cansas.

…parece…

…una moto al W. C.?
En que en la moto te sientas y corres, y al W. C. corres y te sientas.

…un ventilador a Argentina?
En que los dos tienen Buenos Aires.

¿QUÉ dijo

...el azúcar al café? ¡Por ti me derrito, morenazo!

...un árbol a otro? Nos dejaron plantados.

...un arqueólogo a una calavera? ¡Ando tras tus huesitos!

...una báscula a una señora muy gorda? Por favor, de una en una.

…un bizcocho a un árabe?
Mójame y jámame.

…un cable de alta tensión a otro?
Somos como Elliot Ness: ¡intocables!

…un globo a otro?
¡Cuidado, un cactussssss!

…un calcetín al pie?
Estoy sintiendo tu perfume embriagador.

…la cucharilla al azúcar?
Nos vemos en el café.

…un clavo al martillo?
Sácame de este aprieto.

…el cuadro a la pared?
Perdona que te dé la espalda.

…la cuchara a la gelatina?
¿Por qué tiemblas, cobarde?

…Dios a la humanidad?
Hasta mañana… si yo quiero.

¿Qué le dijo...

...la moto a la bicicleta?
¡Adiós, flaca! Y la bicicleta contestó: Flaca pero no pedorra.

...el mar a uno que se estaba ahogando?
Nada.

...un perro tartamudo a una perra?
¡Gua, gua, guapa!

...la vaca al ratón?
Tan chiquito y con bigotes; y el ratón contestó: Tan grandota y sin sostén.

...el paraguas al bastón?
¡Vístete, impúdico!

...un fantasma a otro?
Llevo tres siglos sin cambiar la sábana.

...el espejo a una mujer fea?
¡Para qué te voy a engañar!

...un mexicano a un chino?
¡Hola!; y el chino le respondió: Las tres y cualto.

...un hule a otro hule?
¡Quehúbule!

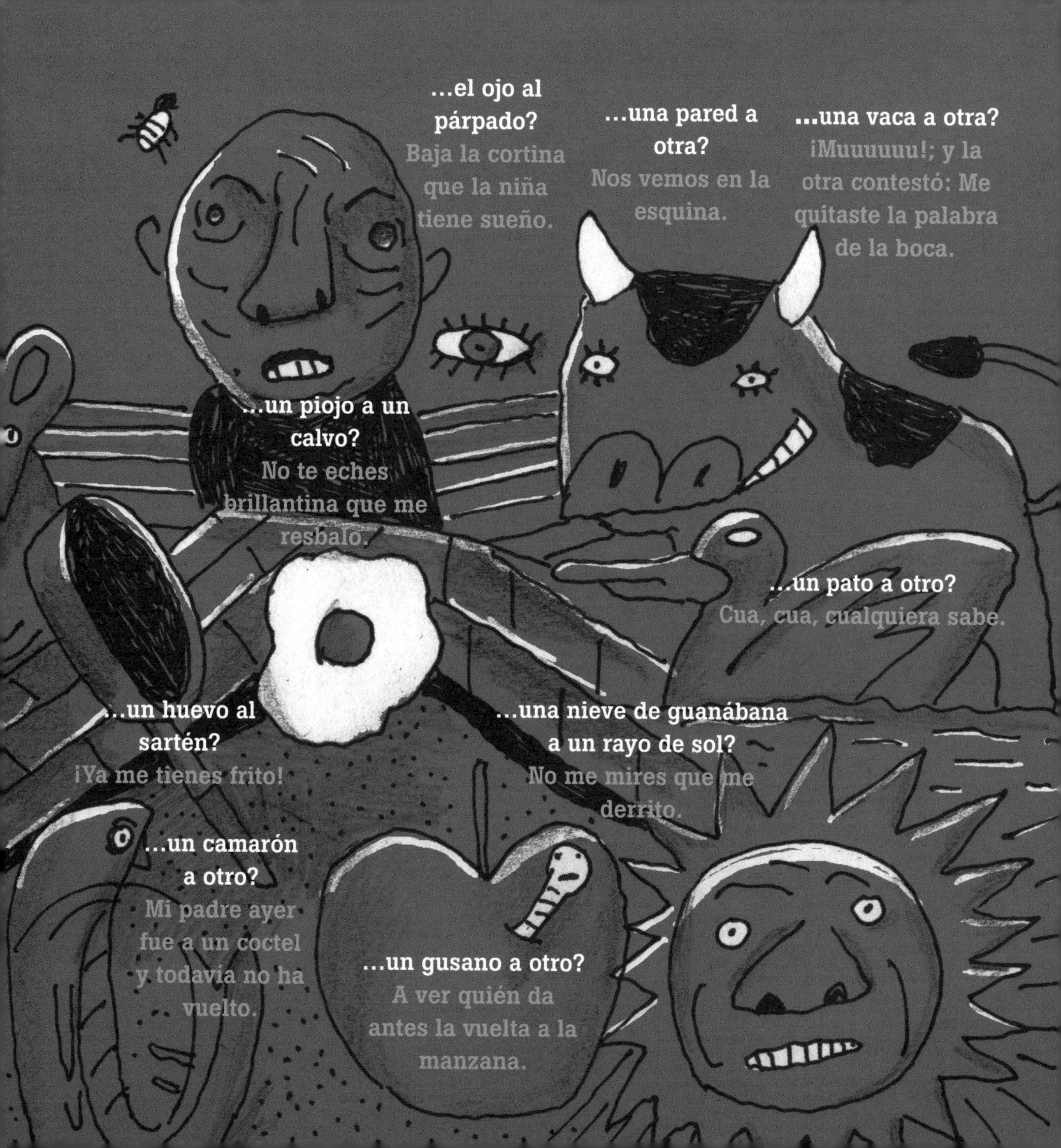

...el ojo al párpado?
Baja la cortina que la niña tiene sueño.
...una pared a otra?
Nos vemos en la esquina.
...una vaca a otra?
¡Muuuuuu!; y la otra contestó: Me quitaste la palabra de la boca.
...un piojo a un calvo?
No te eches brillantina que me resbalo.
...un pato a otro?
Cua, cua, cualquiera sabe.
...un huevo al sartén?
¡Ya me tienes frito!
...una nieve de guanábana a un rayo de sol?
No me mires que me derrito.
...un camarón a otro?
Mi padre ayer fue a un coctel y todavía no ha vuelto.
...un gusano a otro?
A ver quién da antes la vuelta a la manzana.

¿Qué le dijo...

...una pulga a otra?
¿Nos vamos a pie o
esperamos perro?

...un sastre a un
cliente?
Si no me paga el traje,
tomaré otras medidas.

...un usurero a otro?
Trato a mis clientes
con el mayor interés.

...en alemán?

Autobús:
Subenempujanestrujanbajan.

No maltraten porque arrugan
(en el camión):
Nastrujen kiajan.

Llueve:
Gotaskaen.

...en chino?

Licor:
Chin chol.

Comer demasiado:
Mein chao.

Fraude:
Chan chu yo.

Campeón de los cien
metros planos:
Chium!...

Náufrago:
Chin chu lan cha.

Apagón:
Chin lu.

Noventa y nueve:
Cachi chien.

Perro con farol:
Kan kon kin ke.

...en italiano?

Bigote:
Trampolino di moco.

...en árabe?

Lluvia:
Alomejó no mojamo.

Desayuno:
Mojamé la tostá.

Estar a dieta:
Abdel gazar.

...en japonés?

Ex campeón de
motociclismo:
Yamimoto Nojala.

Modelo:
Kimona kisoy.

Pañuelo:
Kita mo kito.

Mal aviador:
Yoshimiro Memareo.

Resfriado:
Tumoko tesale.

Estoy nervioso:
Misuda sobako.

Mal médico:
Nisano Nicuro.

¿Qué es una anchoa?

Una mujeroa gordoa.

¿Qué es un lío?

Una caliente de agua
que desemboca en el
mal o en otro lío.

¿Qué es una canoa?

Un pelo blanco
de la cabeza.

¿Qué es una lápida?

Una china que
cole mucho.

¿Qué es una brújula?

Una viejula que monta escobula
y asusta a los niñulos.

¿Qué es una bodega?

La mamá de los bodeguitos.

¿Qué es un barquillo?

Una navilla donde viajan
los marinerillos.

¿Qué es una oreja?

Sesenta minutejos.

¿Qué es una bandeja?

Un grupejo de musiquejos.

…de una pulga?
Llevar una vida de
sobresaltos.

**…de un filósofo
amable?**
Acariciar una idea.

…de un jorobado?
Estudiar Derecho.

¿Cuál

coln

...de un
vendedor de
vinos.

…de un río?
Tener mucho caudal y no
poder gastarlo.

**…del señor
Limón?**
Que se le agrie el
carácter.

…de un romántico?
Accionar la palanca
del excusado y esperar
escuchar plácidamente el
murmullo de las aguas y el
susurro de las olas del mar.

...de un monje?
Tener malos hábitos.

...de un muerto?
Que le cuenten un buen chiste y no poder morirse de risa.

...de un constructor?
Llamarse Armando Casas.

es el

Llamarse Malvino Caro y Aguado.

o...

...de un perito?
Que le dé peritonitis.

...de un reloj de pulsera?
Perder la noción del tiempo por estar siempre pendiente de una muñeca.

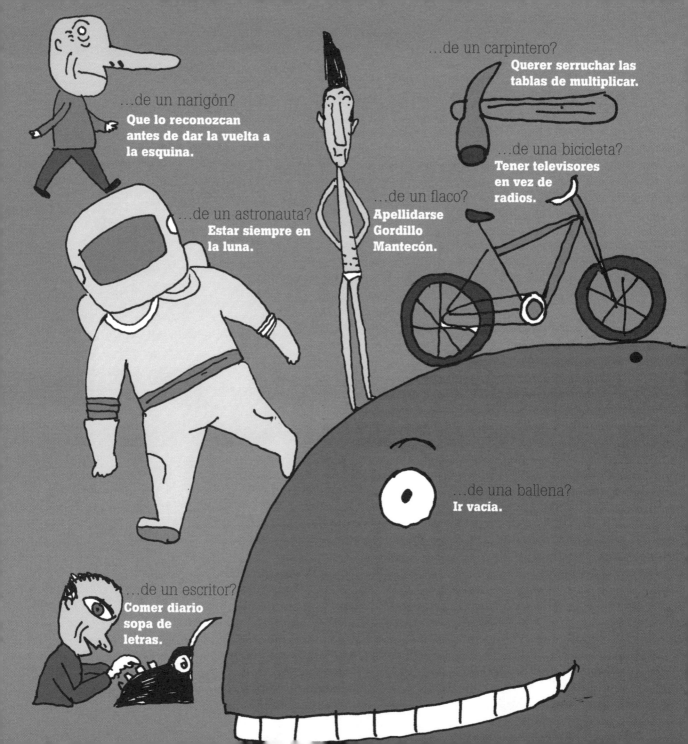

...de un forzudo?
Doblar la esquina.

...de un carpintero que juega ajedrez?
**Terminar todas las partidas en tablas
y querer serrucharlas y clavarlas.**

...de un vampiro asaltante?
**Robar un banco
de sangre.**

...de una jirafa?
**Querer usar
suéter con
cuello de
tortuga.**

...de un oftalmólogo?
**Querer operar de
cataratas al Niágara.**

...de un carnicero?
Tener manitas de cerdo.

...de una persona casta?
**Evitar entrar a una
carnicería para no caer en
la tentación de la carne.**

...de un tren?
Circular por la Vía Láctea.

...de un fantasma?
Llegar tarde a la cita por habérsele pegado las sábanas.

...de un asaltante?
Que lo asalte una duda.

...de un cazador de focas?
Comprarse lentes bifocales para cazar focas de dos en dos.

...de un pastelero?
Comprar una copiadora para hacer el pastel *mil hojas*.

...de un maestro?
Enseñar a leer a las niñas de sus ojos.

...de una despistada?
Estar de parto y no saber de parto de quién.

¿Qué animal...

...se cambia de domicilio con todo y casa?_____ El caracol.

...anda con las patas en la cabeza?_____ El piojo.

...es de mala suerte pero de buena pata?_____ Un gato negro con patas blancas.

...tiene tetas pero no amamanta?_____ La mula.

...es mamífero y pone huevos?_____ El ornitorrinco.

...muestra más adhesión al ser humano?_____ La sanguijuela.

...al revés es un cereal?_____ La zorra.

...va dejando su caminito de plata?_____ El caracol.

...está en medio del purgatorio?_____ El gato.

...odia la navidad?_____ El guajolote.

...no es insecto y tiene alas pero no plumas?_____ El murciélago.

...vuela más alto?_____ El piojo de un astronauta.

...necesita distraerse para no cambiar de sexo?___ El burro. Para que no *se aburra*.

...da más vueltas después de muerto?_____ El pollo cuando lo rostizan.

...hace noventa y nueve veces tic y una vez tac?__ Un ciempiés con una pata de palo.

...es doblemente animal?_____ El gato (es gato y araña).

...cambia de nombre en cuanto sale de su casa?___ El pez (se cambia a pescado).

...siendo ave no tiene plumas ni alas pero pico sí?_____ El kiwi.

Si el papá está en el **mar**,

la mamá en la **carnicería**

y el pequeño en la **iglesia**,

**¿de qué animal
se trata?**

El pulpo: porque en el mar está el pulpo; en la carnicería la pulpa y en la iglesia, el púlpito.

¿Cuál es el caballo que...

…no relincha y jamás ha galopado?

El caballo de mar.

…le da poder a las máquinas?

El caballo de fuerza.

…se puede comer a un peón y salta sin utilizar sus patas?

El caballo de ajedrez.

…avanza sin usar sus patas, es ligero y se puede parar en las flores?

El caballito del diablo.

…sólo tiene tres patas?

El caballete del pintor.

¿Cuál es el pan más...

...fúnebre?

El pan-teón.

...gitano?

El pan-dero.

...pesado?

El pan-zón.

...lodoso?

El pan-tano.

...confuso, ruidoso e infernal?

El pan-demonio.

¿ **Cuál es el mar más...**

...fuerte? El mar-tillo.

...extenuante? El mar-atón.

...duro? El már-mol.

...sufrible? El mar-tirio.

...noble? El mar-qués.

...difunto? El Mar Muerto.

...comerciante? El mar-chante.

...vomitivo? El mar-eo.

...viejo y ajado? El mar-chito.

...resignado? El mar-ido.

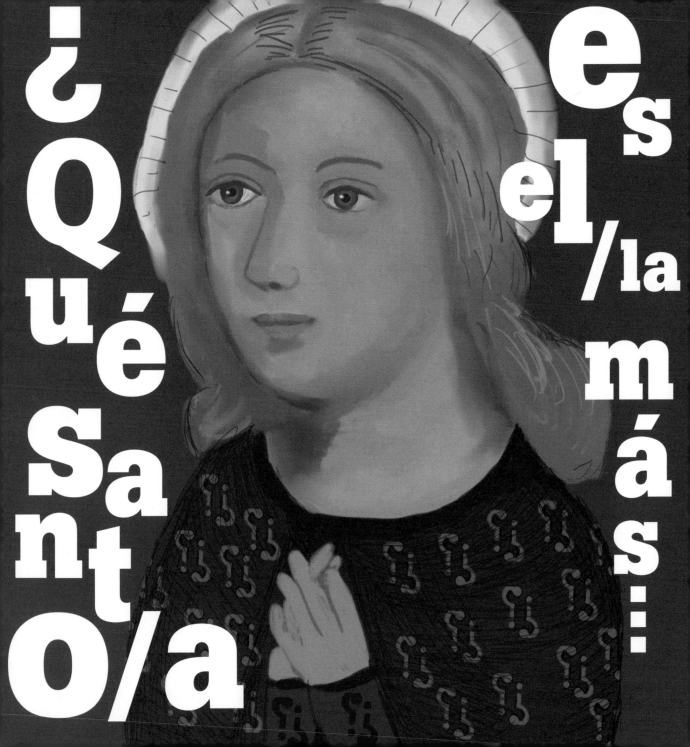
¿Qué Santo/a es el/la más...

…agitado?
San Goloteo.

…zumbador,
molesto
y picador?
San Cudo.

…musical?
Santa Tecla.

…meón?
San Tolomeo.

…fuerte?
San Son.

…antiguo?
San Primitivo.

…pequeñito?
San Francisco de Así.

…barato?
San Pedro Regalado.

…alegre y
bullanguero?
San Pascual Bailón.

…cegatón?
San Casimiro.

…anguloso?
San Marcos.

…breve?
San Segundo.

…gordo y
dicharachero?
San-Cho Panza.

…pequeño?
San Tito.

…festivo?
Santo Domingo.

¿Qué santo es el más

resfriado?

San Francisco de Achís.

¿Qué santo es el más **negativo?**

Santo Tomás de Aquí no.

¿Cuál es el santo patrón de los...

1. ...atletas?
2. ...que no se achican?
3. ...tragones?
4. ...bebedores de café?
5. ...porristas?
6. ...cineastas?
7. ...conductores?
8. ...panaderos?
9. ...costureras?
10. ...enamorados?
11. ...enfermos?
12. ...estafadores?
13. ...fuertes?
14. ...futbolistas?
15. ...jinetes?
16. ...gitanas?
17. ...bailarines?
18. ...locas?
19. ...lectores?
20. ...pistoleros?
21. ...músicos?
22. ...nerviosos?
23. ...pajareros?
24. ...turistas?
25. ...perros?
26. ...galleros?
27. ...porteros?
28. ...reos?
29. ...quemados?
30. ...inocentones?

1. San Gimnasio de Loyola.
2. San Forizado.
3. San Zenón.
4. San Borns.
5. San Martín de Porras.
6. San Filmín.
7. San Frenando.
8. San Pancracio.
9. San Hilario.
10. San Teadoro.
11. San Atorio.
12. San Timoteo.
13. San Robustiano.
14. San Cadilla.
15. Santo Tomás de Equino.

16. San Buenaventura.
17. San Pascual Bailón.
18. Santa Ida.
19. Santa Leocadia.
20. Santiago de Compistola.
21. San Juan Flautista.
22. Santa Domitila.
23. San Pío.
24. San Veremundo.
25. San Bernardo.
26. San Quiquirico.
27. San Abraham.
28. Santa Perpetua.
29. San Cochado.
30. San Turrón.

¿Cuál es la planta que frecuentemente sale de paseo?

La planta del pie.

¿Cuáles son los animales más elásticos?

La lagartija, el hulefante, el resorteronte, el chicleculote y la res–tirada.

¿A qué santa le falta medio huevo?

A Santa Clara.

¿Cuál es el pez que puede llevar corbata?

El pez-cuezo.

¿Cuáles son los oficios más matemáticos?

El del ortopédico, porque maneja quebrados; el del odontólogo, porque extrae raíces; y el del albañil, porque eleva al cubo.

Representaciones
gráficas
HUMORÍSTICAS

¿Qué es...?

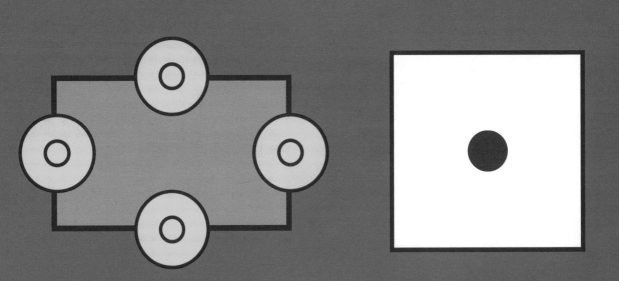

Cuatro charros jugando póquer vistos desde arriba.

Un dado visto desde arriba.

¿Qué es?

Un oso subiendo a una palmera (el oso está atrás).

Un lápiz visto por la punta.

¿Qué es...?

Un charro con su perrito, visto desde arriba.

Un charro parado en una esquina, visto desde arriba.

Un cerdo que acaba de dar la
vuelta en la esquina.

Una jirafa vista por una ventana.

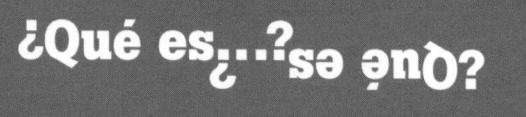

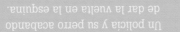

Un policía y su perro acabando
de dar la vuelta en la esquina.

Un calvo tratando de subir a una barda.

Un alambre visto por la punta.

●

¿Qué es...?

¿Qué es...?

EMERGENCIA

Ocurrió un desastre en la ciudad de Torrecillas. Para aliviar a la población hay que dar inmediato servicio médico.

Un gran camión que lleva medicamentos e instrumentos médicos, al llegar a Torrecillas se detiene pues es más alto que el arco de entrada, es decir, no cabe y se trata de la única entrada a la ciudad. La altura del camión es de cinco metros y la del arco de 4.96 metros. Es urgente que el camión pase para salvar vidas en peligro. El chofer del camión rápidamente encuentra una solución, y en menos de dos minutos, el camión logra entrar a Torrecillas sin mayor problema.

¿Cuál fue la solución del chofer?

R= Al camión le desinflaron un poco las llantas.

Caballo bien alimentado

Si un caballo se comiera un kilogramo de alfalfa en medio minuto, **¿cuántos caballos harían falta para comerse, al mismo ritmo, treinta kilogramos de alfalfa en quince minutos?**

R= Un caballo.

Para contestar rápido

¿Cuál es el número al cual
si le aumentas 20
se vuelve tres veces mayor?

CÉNTRICO ^c

¿Qué está en el centro de Morelia?

Barquero domador

A Rigoberto, que era domador de un circo y, además, barquero, le dan el encargo de pasar de un lado al otro de un río un caballo, un león y un bulto de paja. Sólo dispone de una canoa, la cual únicamente puede soportar, sin hundirse, a Rigoberto y a sólo uno de los otros elementos, ya sea el caballo, el león o la paja. El domador no puede dejar solos a los animales, pues el león atacaría al caballo y se lo comería, ni puede dejar solo al caballo con la paja, pues se la comería.

¿Cómo logró Rigoberto pasar los tres elementos al otro lado sin que ocurriese desaguisado alguno?

PL

Comida mexicana
¿Por qué en México los pelirrojos comen menos que los de pelo negro?

Cuestión de edades
Pedro y Juanita

Pedro es tres veces mayor
que Juanita, pero dentro de
dos años será solamente dos
veces mayor que ella.

**¿Qué edades tienen
Pedro y Juanita?**

Otro de edades
Roberto y Pepe

Roberto es cuatro años más joven que Pepe,
pero dentro de cinco años Pepe tendrá el doble de la edad
que tiene ahora Roberto.

**¿Qué edades tienen actualmente
Roberto y Pepe?**

Y los años pasan
La doctora Pera y su hija

La doctora Pera
tiene 53 años y su hija Armida 23.

**¿Cuántos años tienen que transcurrir para que
la doctora tenga el doble de la edad que en ese
momento tenga su hija Armida?**

Eso de las edades

El tío Arnulfo y su sobrino

El tío Arnulfo tiene 68 años y su sobrino Rodulfo 37.

¿Cuántos años hace que don Arnulfo tenía el doble de la edad de Rodulfo?

R= Hace 6 años.

Vaca madrugadora Ⓒ y Ⓗ
¿Qué es lo primero que hace una vaca cuando sale el sol?

R= Sombra

¿Qué letra es la última en irse?

LAS EDADES DE JAIMORRO

Jaimorro hace siete años tenía siete años; al pasar siete años de su nacimiento Jaimorro tenía siete años y después de siete años más, Jaimorro tiene siete años más siete años.

¿Cuántos años tiene Jaimorro?

Letra intrusa

Al suprimir una letra a la expresión: "Yo haré lo que pude" queda otra expresión que es correcta desde el punto de vista gramatical.

¿Qué letra se suprime?

Día largo C
¿Cuál es el día más largo de la semana?

R= La letra e (última en la palabra "irse").

R= 14 años.

R= La letra h: "Yo aré lo que pude" (de arar).

R= El miércoles (tiene más letras).

EL VAGABUNDO FUMADOR

Juan el vagabundo forma cigarros aprovechando el tabaco de las colillas que encuentra en el suelo. Completa un cigarro con cada siete colillas.

¿Cuántos cigarros podrá fumarse Juan si encuentra 49 colillas?

R= 8 cigarros: 49/7 = 7. Al fumarse siete, deja él mismo siete colillas con las cuales se hace otro cigarro; total: ocho.

Hartazgo infantil

Si una niña se come un pastel de limón en una hora, **¿cuánto tardarán dos niñas en comerse dos pasteles de limón iguales al mencionado y al mismo ritmo?**

R= Una hora.

Comedor en el tren

Un tren tiene nueve vagones. El señor Godínez viaja en el primer vagón y va a tomar café al comedor que está en el penúltimo.

¿Cuántos vagones atraviesa el Sr. Godínez para ir a tomar su café y regresar a su lugar?

Comedor 6 5

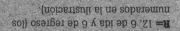

El detective
Valente Quintana
y la contraseña

El detective Valente Quintana está investigando a un grupo de delincuentes que trafican en un lóbrego y bien custodiado local.

Desde un coche camuflado vigila la entrada, quiere hacerse pasar por uno de los maleantes y penetrar al local. Sabe que usan una contraseña y decide observar para descifrarla. En ese momento llega un hombre, llama a la puerta y desde el interior le dicen: **"Dieciocho".** El hombre responde: **"Nueve".** La puerta se abre y el hombre entra. Valente Quintana cree tener la respuesta, pero decide esperar y observar más. Viene otro tipo. Desde dentro le dicen: **"Ocho"**, y él responde: **"Cuatro".** La puerta se abre. Valente sonríe. "Ya lo tengo –piensa– se trata de responder la mitad del número que dicen desde dentro." En eso, llega otro sujeto. Desde dentro dicen: **"Catorce".** Él contesta: **"Siete".** La puerta se abre. Valente Quintana

decide entrar. Llama a la puerta. Desde el interior le dicen: **"Cuatro".** El detective, casi de inmediato responde: **"Dos".** Se oye una ráfaga de disparos y el valiente detective sólo se salva gracias a su chaleco antibalas. Quintana se aleja apresuradamente, pero quiere probar nuevamente suerte. Llama a la puerta. Desde dentro se oye: **"Seis".** El detective contesta muy convencido: **"Tres".** Pero la puerta no se abre; Quintana huye y sólo gracias a su buena suerte sale ileso de la andanada de disparos que le hacen. Tras recapacitar media hora, descifra, ahora sí correctamente, la clave, logra entrar y, con la audacia y la destreza que lo caracterizan, apresa a toda la banda.

¿Cuál era la clave?

R= La clave no es la mitad del número. Es el número de letras que tiene la palabra que lo designa. Dieciocho tiene nueve letras. Ocho tiene cuatro letras. Catorce tiene siete letras. Cuando desde dentro le dicen: "Cuatro", él debería haber contestado: "Seis", y cuando le dicen: "Seis", debería haber respondido: "Cuatro".

Problema sencillo de columnas de barajas

Cambia de columna solamente una baraja para lograr que las barajas de cada columna sumen lo mismo.

¿Qué baraja debes cambiar y a qué columna?

Cuando existían los *reales*

¿Cuánto valen siete mojarras y media, a
real y medio la mojarra y media?

La tierra de los mariachis

¿Qué ciudad mexicana tiene cinco
"aes" en su nombre?

TREN RÁPIDO, RESPUESTA RÁPIDA C

Un tren eléctrico va de norte a sur a 190
kilómetros por hora. De pronto, disminuye
la velocidad hasta llegar a 150 kilómetros
por hora. El viento sopla de sur a norte.
¿Hacia dónde se va el humo del tren?

R= Siete reales y medio.

R= Guadalajara.

R= Hacia ningún lado. Los trenes eléctricos no echan humo.

Locuacidad PL

La tía Lola, mujer muy sociable y hablantina, iba en un taxi. Empezó a hablar como tarabilla. El taxista, un tanto fastidiado y para no tener que contestar, se fingió sordo y tal situación hizo saber, con mímica, a la tía Lola. Al llegar a la dirección que ella le había dicho, el taxista, para cobrarle, señaló el taxímetro.

La tía Lola pagó y, una vez abajo, recapacitó y se dio cuenta de que el taxista la había engañado y no era sordo.

¿Cómo se dio cuenta?

R= Si el taxista sabía la dirección que la tía Lola le dijo al subir, es que podía oír.

De ladrillos

Si un ladrillo pesa un kilo más medio ladrillo,

¿cuánto pesa ladrillo y medio?

Ese Pepín

Si Pepín es el
abuelo de tu hijo,
**¿qué parentesco
tienes con
Pepín?**

R= Pepín es tu padre o bien tu suegro.

Escritor oculto C

Quita tres letras de la siguiente serie:

JUTRANES RULLETFORAS

y quedará el nombre y el apellido de un
famoso escritor mexicano.

R= Después de quitar *tres letras* (en anaranjado) queda Juan Rulfo. JUTRANES RULLETFORAS.

Descubre al asesino R

¿Quién fue el que mató a la cuarta parte
de la humanidad y fue enterrado en las
entrañas de su abuela?

R= Caín. (Según la Biblia, cuando mató a Abel, eran cuatro los habitantes de la Tierra. Por consiguiente, mató a la cuarta parte. Lo enterraron en la Tierra y ésta fue precisamente la madre de Eva.)

Sube la marea

Un barco que está en el mar, en el puerto de
Veracruz, tiene en su parte exterior una escalerilla colgante. La marea está subiendo.
La escalerilla tiene diez escalones a la
vista. La parte visible de la escalerilla mide cinco metros. Al subir la
marea dos metros y medio,
**¿cuántos escalones
cubre?**

¿Qué pasa en la selva Lacandona todos los días, incluyendo los festivos, de 10 a 11 de la mañana?

R= Una hora.

Alimenticio C

¿cómo debe decirse:

"la yema es blanca" o "blanca es la yema"?

Construcción de palabras (acertijo múltiple) C

CON LAS LETRAS...

de parábola anulas **construye una sola palabra.**

de doblar aspas **construye dos palabras.**

de partes labras **construye tres palabras.**

de luto para cabras **construye cuatro palabras.**

de ni cobra placas **construye cinco palabras.**

de se pasa libras **construye seis palabras.**

Regiomontano

Monterrey empieza con *m* y termina con *t.*

¿puedes explicar esto?

Maullador PL

¿Qué animal es ágil,
come ratones,
maúlla, ronronea,
a veces anda de noche
por las azoteas

y no es gato?

R= La gata.

Sultán indulgente

El sultán Abdulá tenía un prisionero llamado
Mustafá, a quien planteó el siguiente problema:
"He aquí tres bolas de aspecto exactamente
igual. Sin embargo, una de las tres tiene un peso
diferente al de las otras dos. Os concederé la
libertad si, haciendo uso de esta balanza, logréis
averiguar cuál es la bola de diferente peso y si ésta
pesa más o menos que las otras, con la condición
de que realices menos de cuatro pesadas".
Mustafá consiguió su libertad al discernir un
método por el cual se puede averiguar qué bola es
la diferente y si pesa más o menos que las otras,
en solamente dos pesadas.

¿Cuál es ese método?

R= Llamaremos a las bolas bola uno, bola dos y bola tres. En primer término se ponen en cada lado de la balanza las bolas uno y dos (primera pesada). Si la balanza no se inclina, la diferente es entonces la bola tres y basta con poner en la balanza las bolas uno pesada) la bola uno y la tres para averiguar si la diferencia es de más o de menos, según si la balanza se inclina hacia la bola tres o hacia la bola uno respectivamente. Ahora, si en la primera pesada la balanza se inclinó hacia un lado, por ejemplo hacia la bola uno, la diferente puede ser la bola uno, que pesaría más, o la bola dos, que pesaría menos (primera pesada). Entonces se pone en la balanza la bola uno y la bola tres (segunda pesada). Si la balanza no se inclina, la diferente es la bola dos y ésta pesa menos. Si la balanza se inclina hacia la bola tres, esto indicará que la bola dos es la diferente y pesa menos.

Acertijo muy, muy difícil, dificilísimo

¿Qué palabra tiene cinco "íes" ?

R= Dificilísimo (también divisibilidad, insignificancia e inteligibilidad).

Todas las vocales

Abundancia de "íes"

¿Conoces alguna palabra con seis "íes"?

R= Indivisibilidad, ininteligibilidad.

¿Qué país africano lleva en su nombre las cinco vocales sin que ninguna de éstas se repita?

R= Mozambique.

Las cinco vocales

¿Cuál es el animal que tiene las cinco vocales en su nombre?

R= Murciélago.

Más vocales

¿Qué nombres de varón contienen las cinco vocales sin que ninguna de éstas se repita?, ¿puedes mencionar cuando menos dos?

R= Ausencio, Aurelio, Eulalio, Eufrasio, Gaudencio.

Muchas "oes"

¿Conoces alguna palabra con cinco "oes" ?

R= Odontólogo.

La magia de las "aes"

¿Qué palabra tiene cinco "aes" y ninguna otra vocal?

R= Abracadabra.

Más "oes"

¿Conoces alguna palabra con seis "oes"?

R= Otorrinolaringólogo.

"Erres"

¿Qué palabras contienen cuatro "erres"?

R= Rocanrolero, transcurrir.

Egoísmo

¿Cuál es el juguete más egoista?

R= El yo-yo.

Más erres

¿Que palabra contiene cinco "erres"?

R= Ferrocarrilero.

El juego de las
5 VOCALES
(No busques solución)

En el pequeño relato que sigue hay veintiocho palabras que contienen, cada una, las cinco vocales. Están escritas en **anaranjado**.

La confiturera Orquídea, prima del arquitecto Aurelio, el sobrino de don Eustaquio, se encontró un murciélago volando en su estanquillo. ¡Qué perturbación! Ella, tan milonguera aunque algo meticulosa, tuvo miedo. Entonces llamó a su abuelito Eulalio, que es un auténtico viejito escuálido y reumático, aunque no desahuciado, quien espantó al bicho. ¡Qué cosas, qué cosas! Esto lo contó Ausencio, un repudiado comunicante carente de educación, sin que consiguiera que creyéramos una palabra de su truculento enunciado. En otra ocasión, nos había contado de una encubridora que, con euforia, cometió adulterio con su superior jerárquico. Eso era más truculento y peliagudo que una ecuación de tercer grado con tres incógnitas.

Alfabético

El profesor Juan de Montejo tenía la manía de ordenar todo alfabéticamente. Un buen día, para entretenerse, se puso a ordenar de esa manera los nombres de los números del uno al cien (el primero era el catorce) y observó cuál era el último. Dedujo que si la lista continuara hasta el mil, el último número ordenado alfabéticamente seguiría siendo el mismo.

¿Cuál es ese número?

Cambio de lugar
¿En qué lugar está el jueves antes que el miércoles?

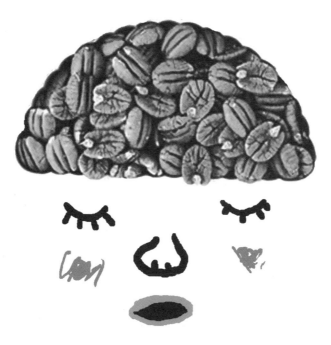

Las nueces de Leticia

Si al repartir Leticia sus nueces enteras entre 2, 3, 5, 6, 10 o 15 amigas, en ningún caso le sobrarán nueces y a nadie le tocará más de quince nueces.

¿Cuántas nueces tendría Leticia?

Reparto de manzanas PL

El jardinero y su hija,
el portero y su mujer
compraron doce manzanas.
Cuatro al repartirlas bien
tocáronle a cada quien.
¿Puedes decirme, lector,
cómo esto pudo ser?

R= La mujer del portero no es otra que la hija del jardinero.

Triángulos
en el rectángulo

¿Cómo trazarías tres rectas dentro del rectángulo de manera que éste quedara dividido en cuatro triángulos iguales?

Respuesta

La tierra de Tutankamón CG

¿En qué continente se encuentra Egipto?

Famoso libro

Cuando se publicó este libro por primera vez tuvo pocos lectores. Actualmente muchísimas personas lo tienen. Sin embargo, no lo puedes comprar en librerías ni conseguir prestado en bibliotecas.
¿Qué libro es?

R= El directorio telefónico.

R= En África.

Extraño caso de cumpleaños

Un famoso compositor italiano murió muy poco después de celebrar su décimo octavo cumpleaños (18); estando ya madurito, pues en realidad murió a los 76 años de edad. Se trata de Gioacchino Rossini quien compuso, entre otras obras, *El barbero de Sevilla*. Nació en 1792 y murió en 1868. ¿Cómo pudo haber celebrado solamente 18 cumpleaños antes de morir a esa edad?

¿Cuál es el mes más corto?

Manuela y las ciruelas

Manuela no tiene ciruelas. Sube a un triste ciruelo que tampoco las tiene. Cuando baja, Manuela tiene dos ciruelas. **¿Cómo puede ser esto?**

R= Manuela no tenía ciruelas sino una sola ciruela. Lo mismo acontecía al ciruelo. Con la ciruela que tenía y la que corta del ciruelo, Manuela logra reunir dos ciruelas.

R= Mayo (sólo tiene cuatro letras).

Lindo Michoacán ©

¿Qué ciudad michoacana se escribe con amor?

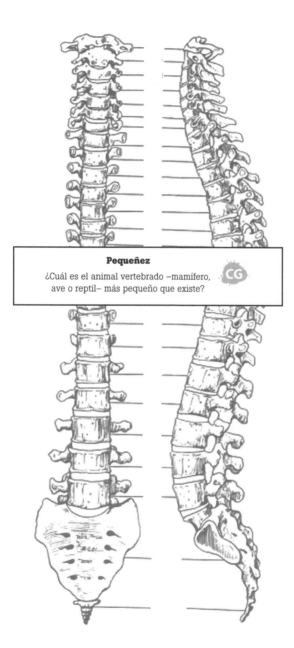

Pequeñez

¿Cuál es el animal vertebrado –mamífero, ave o reptil– más pequeño que existe?

R= El colibrí.

Bella flor

¿Qué nombre de flor,
de una sola palabra,
tiene las cinco vocales
una vez cada una?

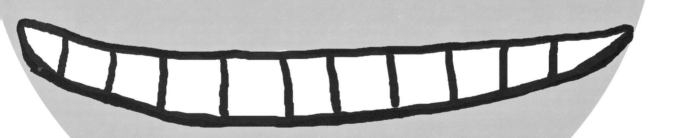

¿Cuál es la profesión más alegre? C

R= La del barrendero porque él siempre va riendo (barriendo).

Más vocales

¿QUÉ NOMBRE DE ÁRBOL, DE UNA SOLA PALABRA, TIENE LAS CINCO VOCALES SIN QUE SE REPITA NINGUNA DE ÉSTAS?

Cuajada de letras

¿Puedes encontrar alguna palabra de dos sílabas con más de ocho letras?

Justamente

¿Qué número tiene la misma cantidad de letras que el valor que expresa?

R= El 5, pues su nombre tiene cinco letras.

R= Claus-tros, tron-chéis (de tronchar), plan-cháis, res-friéis, frus-tráis.

R= Eucalipto.

¡Salud!

Si tenemos una botella de vino llena hasta la mitad y taponada con su corcho, ¿qué podemos hacer para tomarnos el vino sin sacar ni perforar el corcho ni romper la botella?

Sumas raras

Observe las siguientes sumas:

Cinco + Cinco = Diez

Uno + Siete = Ocho

Seis + Cuatro = Diez

Uno + Nueve = Ocho

Siete + Cinco = Diez

Tres + Dos =

Las tres primeras aparentan ser normales y correctas, pero las dos que siguen no. ¿En qué hipótesis las cinco primeras sumas son todas correctas? De acuerdo con esta hipótesis, **¿cuál es el resultado de la sexta?**

R= Siete. Lo que se cuenta es la cantidad de letras de cada palabra.

Si vemos un ángulo de 25 grados con una lente que aumenta cuatro veces el tamaño de los objetos, **¿cuánto medirá el ángulo a través de la lente?**

Suma mágica

Cinco más uno y quinientos
te dará, mi buen lector,
una planta y no te miento.

R= La VID (números romanos).

Para Sherlock Holmes **PL**

Don Espiridión fue a una fiesta, bebió un poco de
ponche helado y enseguida se marchó.
El resto de los invitados que bebieron el ponche,
a continuación y muy pronto, murieron
envenenados. Don Espiridión no era inmune
al veneno usado ni fue el asesino.
¿Por qué no murió don Espiridión?

LOS PELUQUEROS DE MONTERREGIO **PL**
¿POR QUÉ LOS PELUQUEROS DE MONTERREGIO PREFIEREN CORTAR EL PELO A DIEZ **GORDOS** QUE A UN FLACO?

R= El veneno estaba en los cubitos de hielo; cuando
Espiridión bebió, el hielo aún no se había fundido.

R= Porque ganan diez veces más dinero.

El restaurante Comesano PL

En el restaurante Comesano un cliente se molestó al encontrar una mosca en su café. Pidió al mesero que le trajera una nueva taza. Todas las tazas en el restaurante Comesano eran iguales. Tras tomar un sorbo, el cliente exclamó: "¡Ésta es la misma taza de café que tenía antes!", y efectivamente lo era. **¿Cómo lo supo?**

Loro listo PL

Don Venancio, dueño de una pajarería,
le aseguró a la tía Lola: **"Este loro es capaz de
repetir todo lo que oiga".** Una semana después,
la tía Lola estaba de vuelta en la tienda, protestando
porque el loro no decía ni una sola palabra. Sin
embargo, el vendedor no había mentido.
¿Cómo puede ser esto cierto?

R= El loro era sordo.

Amor y olvido

Un muchacho algo despistado tenía
una novia a la que amaba tanto
y tanto que olvidó su nombre.
Entonces le escribió una carta en la
que se lo preguntaba y, de paso,
le pedía que le dijera de qué color
quería su vestido para la boda. Ella,
a vuelta de correo, le envió una
carta que contenía únicamente este
pequeño poema:

"El enamorado triste
de cualquier color
se viste."

En el poema estaba la respuesta.
**¿Cómo se llamaba la novia
y de qué color quería el
vestido de boda?**

Nombre musical

¿CUÁL ES UN NOMBRE FEMENINO QUE EMPIEZA CON UNA NOTA MUSICAL, SIGUE CON OTRA Y TERMINA CON OTRA, PERO ANTES DE ESTA ÚLTIMA LLEVA UN PRONOMBRE?

Nota que cae

Una nota musical cae en otra y forma así un nombre femenino. **¿Qué nombre es éste?**

R= Domitila.

R= Micaela.

A ojo de buen cubero

Si tienes un saco de arroz, una balanza y una pesa de tres kilos, ¿cómo te las arreglarías para pesar exactamente kilo y medio de arroz?

R= Pesarías tres kilos sirviéndote de la pesa y luego repartirías esos tres kilos de arroz entre los dos platillos de la balanza hasta que se equilibraran.

Pescadores PL

Dos padres y dos hijos fueron a pescar.
Pescaron tres truchas y, en el reparto,
le tocó una trucha a cada uno,
¿cómo pudo ser?

Cuadros de cerillos

En esta figura se observan siete cuadros de un cerillo por lado. **¿Cómo conseguirías, usando los mismos cerillos, transformar dicha figura en otra que sólo tuviera cinco cuadros de un cerillo por lado, cambiando de lugar solamente tres cerillos?**

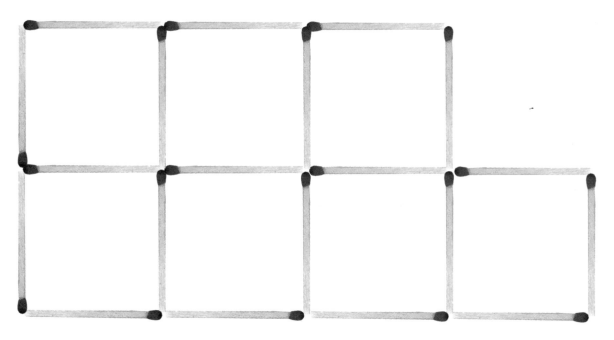

Respuesta

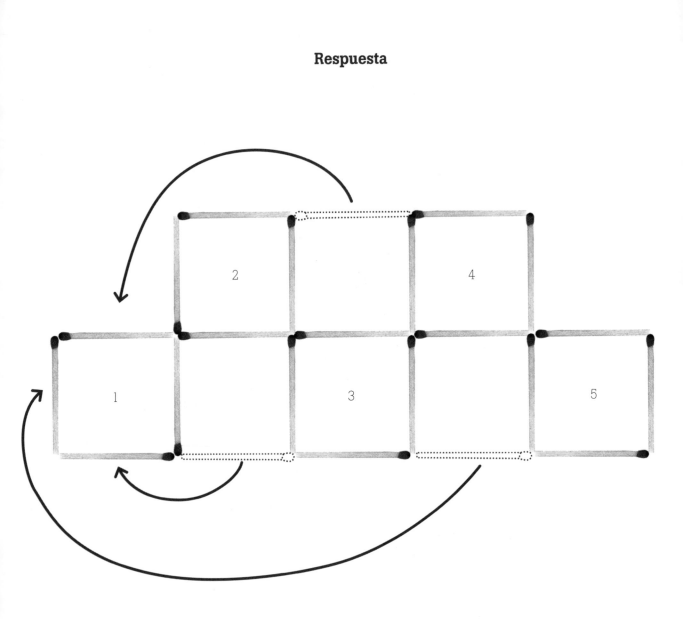

La copa
y la aceituna

Coloca una moneda pequeña y cuatro cerillos como se muestra en la figura. Queda así representada una aceituna dentro de una copa.

¿Cómo haces que la aceituna quede fuera de la copa moviendo solamente dos cerillos?

Por supuesto, sin tocar la aceituna.

Respuesta

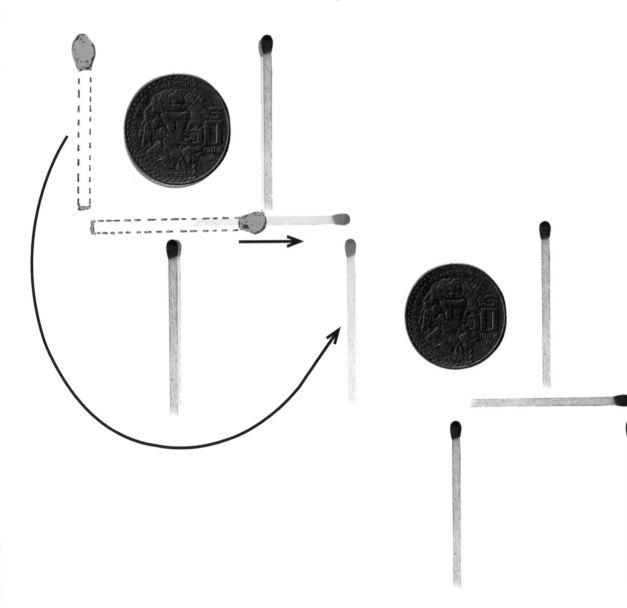

Los agujeros PL

Si un hombre hace un agujero en una hora, dos hombres, por supuesto, harán dos agujeros del mismo tamaño y trabajando al mismo ritmo, también en una hora. ¿Cuánto tardará un hombre en hacer medio agujero?

R= Los medios agujeros no existen.

Avión en peligro PL

Supón que pilotas un avión de pasajeros en medio de una tormenta. Un rayo inutiliza el motor izquierdo del avión. Sabiendo que con un solo motor es casi imposible llegar al próximo aeropuerto, se decide tirar toda la carga. Después de aligerar de esta manera el aeroplano, sólo queda la tripulación y el pasaje compuesto por un equipo de jugadores de baloncesto, doce monjas, incluyendo a la madre superiora, un grupo de turistas japoneses, varios ejecutivos de una empresa petrolífera, Joaquín Sabina y el representante de este último.

¿Cómo se llama el piloto?

R= Si el que pilota el avión eres tú, el nombre del piloto será el tuyo.

Ganado vacuno

Dos vacas, Pintada y Nublada, están en un prado. Pintada mira hacia el oriente y Nublada hacia el poniente. **¿Cómo podrán mirarse mutuamente sin necesidad de volverse?**

R= Pintada está al poniente de Nublada, de manera que ya se están mirando, pues están una frente a la otra.

De pistolas PL

Pedro Capone entra a una cantina y pide un vaso de agua al mesero que despacha en la barra. Éste abre un cajón, saca una pistola y apunta en plena cara a Capone, quien se sorprende sobremanera, pero enseguida entiende lo que está pasando, ¡y se lo agradece al mesero!

¿Qué es lo que está pasando?

R= Capone tenía hipo.

Viejas y ovejas [PL]

Yendo para Barra Vieja
me crucé con cuatro viejas.
Cada vieja llevaba cuatro sacos,
cada saco tenía cuatro ovejas
y, según este relato:
¿cuántas viejas y cuántas ovejas
iban para Barra Vieja?

R= Ninguna: hacia Barra Vieja iba sólo yo.

Foto del recuerdo

Al contemplar un retrato, Rodrigo Rodríguez dice: "Ése es hijo de mi padre y no es hermano mío". Suponiendo que Rodrigo dice la verdad, **¿quién es el del retrato?**

Manzanas en la canasta

Sobre una mesa había una canasta con seis manzanas y alrededor de la mesa había seis muchachas. Cada muchacha se llevó una manzana y, sin embargo, una manzana quedó en la canasta. **¿Cómo pudo ser esto?**

Pintores de brocha gorda

Si dos pintores pintan un edificio en tres días, **¿cuánto tardarían en pintar el edificio, al mismo ritmo, seis pintores?**

Retorno

¿Cómo te las ingeniarías para lanzar una pelota con mucha fuerza y lograr que ésta se detenga y vuelva hacia ti, sin chocar con pared u obstáculo alguno y sin detenerla sujetándola con una cuerda?

R= Rodrigo Rodríguez.

R= La última muchacha se llevó la canasta con la manzana dentro.

R= Un día.

R= Tirándola hacia arriba.

CHAPARRÓN PL
SORPRESIVO

Al señor Estévez, que iba sin paraguas ni sombrero, lo sorprendió ayer un chaparrón. La ropa se le empapó, pero pese a llevar la cabeza descubierta, no se mojó ni un pelo, **¿cómo es eso posible?**

Pinchar un globo PL

¿Cómo es posible pinchar un globo sin que se escape aire y sin que el globo haga ruido?

R= El señor Estévez es calvo.

R= Pinchando un globo desinflado.

Libro de **misterio**

Una noche, aunque mi tío estaba en la sala leyendo un libro apasionante de misterio, su mujer le apagó la luz. La sala estaba tan oscura como la boca de un lobo, pero mi tío siguió leyendo sin inmutarse.

¿Cómo fue posible?

R= Mi tío era ciego y estaba leyendo en Braile.

Arete en el café

A Juanita se le cayó un arete dentro de una taza llena de café, pero el arete no se mojó.

¿Cómo pudo ser esto?

Obesidad PL

Tres señoras realmente gruesas, paseaban por el camino de la Ermita debajo de un paraguas de tamaño normal.

¿Cómo fue posible que no se mojaran?

R= El café estaba en granos.

R= Porque no llovía.

Cheque extraviado PL

Al tesorero Vélez se le culpó de haber extraviado un cheque. Él explicó:

—Lo metí en el libro de novelas que está en la repisa verde, y hasta recuerdo perfectamente en qué parte del libro lo puse.

—¿En qué parte? –preguntó su jefe.

—Entre la página 99 y la 100 –repuso.

—Estoy seguro de que usted miente –afirmó el jefe, y efectivamente podía asegurar que Vélez había mentido.

¿En dónde estuvo la mentira de Vélez?

R= Al abrir un libro queda siempre del lado izquierdo una página con número par y a la derecha una con número non. No se puede poner nada entre una página non y la par que sigue.

La tía Lola va al mercado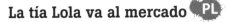

La tía Lola tenía en su monedero
300 pesos en dos billetes, pero uno
de ellos no era de 100 pesos.

¿Qué billetes tenía?

(En México, billetes inferiores a $500;
sólo existen en circulación de $20,
de $50, de $100 y de $200.)

El misterio del ahorcado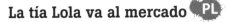

En una habitación (cuya puerta tuvo que ser abierta por un cerrajero pues
estaba cerrada por dentro), en la que no hay ningún mueble ni ningún
objeto, aparece un hombre ahorcado y un charco de agua bajo sus pies.

¿Cómo ha conseguido este hombre suicidarse?

Luz y sombras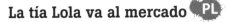

El otro día Miguelito logró apagar
la luz de su dormitorio y meterse en
la cama antes de que la habitación
quedase a oscuras. Hay tres metros
desde la cama al interruptor de la luz.

¿Cómo pudo lograrlo?

(No pudo haber aflojado el foco pues
estaba demasiado alto.)

R= Un billete de 200 pesos y otro billete de 100.

R= Para ahorcarse el hombre se había subido a un bloque de hielo. Luego el hielo se fundió y se convirtió en el charco de agua.

R= Era de día.

Enigma familiar

Mi tía Concepción es hermana de mi madre y Consuelo es la hermana de mi tía Concepción, pero no es mi tía.

¿Qué parentesco tiene conmigo Consuelo?

Numismática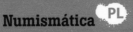

Si una moneda tiene la fecha de
100 años antes de Cristo.
**¿Cómo la debemos clasificar: de
oro, antigua, falsa, auténtica o de
colección, y por qué?**

La tía Lola toma vino en Francia

La tía Lola va a Francia y quiere tomar vino.
Le dicen que una botella de vino vale 10 euros
(vino y envase) y que el vino que contiene
cuesta 9 euros más que el envase.
**¿Cuánto cuestan el vino y el envase
por separado?**

Equinos CG

**¿Cómo se llamaban los caballos
del Cid Campeador y de don
Quijote de la Mancha?**

R= Falsa. En esa fecha no se podía saber que en un futuro Cristo existiría.

R= El vino cuesta 9.50 y el envase 0.50 euros.

R= Babieca y Rocinante.

Toma chocolate y paga lo que debes

Si Petrita la dulcera logra mañana triplicar el dinero que tiene, pagar los $900 que le debe a su tía y le quedan $1 950.

¿Cuánto dinero tiene Petrita?

R= $ 950 (Comprobación: 950 x 3 = 2 850; 2 850 − 900 = 1 950).

Se va achicando

Hay una palabra que significa *acicalado, excesivamente arreglado, afectado.* Si le quitamos la sílaba inicial nos queda otra palabra que significa *señalado con alguna nota denigrativa, con una mancha;* y si a esta nueva palabra le suprimimos la sílaba inicial, nos queda otra palabra que significa *pieza cúbica para jugar* y, si a esta nueva palabra le quitamos la sílaba inicial surge otra palabra más, que representa *una nota musical.*
¿Qué palabra es la inicial?

¿Cómo puedes colocar 10 terrones de azúcar en tres tazas vacías, de forma que cada taza contenga un número impar de terrones?

Distintos verbos

¿Qué cinco palabras tienen cada una cuatro letras, dos sílabas, sólo difieren en la vocal de la primera sílaba, y cada una de ellas corresponde a un verbo diferente?

¿Tendrán siete vidas los gatos? PL

Un gato llamado Mitsubicho está en una ventana del noveno piso de un edificio. Salta, cae hasta el suelo, y no le pasa nada, ni sufre, ni se acongoja. Ni siquiera se despeina: muy tranquilo se echa a caminar. **¿Cómo pudo ser?**

División y suma

Si divides 20 entre 1/2 y sumas 10, **¿qué resultado obtienes?**

R= Cincuenta (20 dividido entre 1/2 es igual a 40).

Moneditas

Mi juguetón primo Oswaldo tiene varias monedas de 5 centavos y varias de 10 centavos. Necesita pagar 50 centavos pues compró un chicloso. Entonces piensa: **¿cuántas formas hay de acumular 50 centavos usando solamente monedas de 5 centavos y de 10 centavos, que son las únicas que llevo?**

R= Seis:
1. 5 de 10; **2.** 4 de 10 y 2 de 5; **3.** 3 de 10 y 4 de 5; **4.** 2 de 10 y 6 de 5; **5.** 1 de 10 y 8 de 5; **6.** 10 de 5.

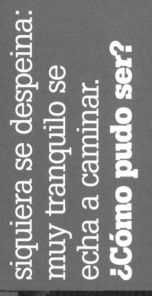

Asombroso adivinador

Puedes decir a un amigo:

"En un papel escribe tu edad. Multiplícala por dos. **Agrega cinco. El resultado multiplícalo por cinco.** Agrega el número de hermanos que tienes (no se vale que sean más de nueve). **Resta 25.** Dime el resultado final y te adivinaré tu edad y la cantidad de hermanos que tienes".

Variante del adivinador

Le dices a otro amigo:

"Ahora adivinaré tu edad y la de tu papá. Piensa en tu edad. **Multiplícala por dos.** Súmale cinco. El resultado multiplícalo por 50. **Súmale la edad de tu papá.** Resta la cantidad de días que hay en un año (no bisiesto). **Dime el resultado y te adivinaré tu edad y la de tu padre".**

Clave para la adivinación:
La primera o primeras cifras del número que te dicen (resultado final) será la edad y la última cifra la cantidad de hermanos.

Clave para la adivinación:
Al número que te dicen le sumas 115. Las dos primeras cifras del número resultante te indicarán la edad de tu amigo y las dos últimas, la de su papá.

Piernas ágiles

Si estás participando en una carrera
y poco antes de cruzar la meta
rebasas a quien va en segundo lugar
y los lugares ya no cambian,
**¿en qué posición terminarás la
carrera?**

R = En el segundo lugar.

Eminencia médica PL

Casimiro sale manejando desde su casa en México, D. F. y se dirige a Acapulco; su hijo Regino de nueve años va con él.

En el camino se produce un terrible accidente: un camión, que venía de frente, se sale de su carril en la autopista y embiste de frente al auto de Casimiro. **Con el impacto muere instantáneamente Casimiro, pero Regino sigue con vida. Una ambulancia de la municipalidad de Chilpancingo llega casi de inmediato, advertida por quienes fueron ocasionales testigos, y el niño es trasladado al hospital.** Al llegar al nosocomio, los médicos de guardia comienzan a tratar al pequeño con mucha diligencia, pero, luego de charlar entre ellos y estabilizarle los signos vitales, deciden que no pueden resolver el problema de Regino. **Necesitan consultar a alguien que sea especialista. Además, advierten el riesgo de trasladar al niño y deciden dejarlo internado allí, en Chilpancingo.** Luego de las consultas pertinentes, se comunican con el Hospital Infantil de la capital del país y finalmente conversan con una eminencia en el tema, a quien ponen al tanto de lo ocurrido. **Como todos concuerdan en que lo mejor es dejar a Regino en Chilpancingo, la mencionada eminencia decide viajar directamente desde el D. F. hacia allá.** Los médicos del lugar le presentan el caso y esperan ansiosos su opinión. Finalmente, uno de ellos pregunta: **"¿Está usted en condiciones de tratar al niño?", y obtiene la siguiente respuesta:** "¡Cómo no lo voy a tratar si es mi hijo!" **Esto es cierto.** ¿Cómo puede ser?

R = La eminencia es la madre.

Avena o plomo

¿Qué pesa más, medio kilo de avena o 500 gramos de plomo?

¿Huevo duro?

Si estamos parados sobre un piso de granito. ¿Cómo podemos lograr soltar un huevo de gallina crudo y hacer que éste recorra en su caída un metro sin romperse, sin poner cojines ni nada que pueda amortiguar el golpe contra el granito?

Fábrica de motocicletas

Las motocicletas que arman en una fábrica son todas iguales y todos los obreros trabajan al mismo ritmo y con la misma eficiencia. Cinco obreros arman cinco motocicletas en cinco días. ¿Cuántos obreros armarán una motocicleta en un día?

R= Pesan lo mismo: medio kilogramo.

R= Dejando caer el huevo desde un metro con veinte centímetros de altura. Caerá un metro sin romperse aunque después se romperá.

R= Cinco obreros.
Cinco obreros armarán: una motocicleta en un día, dos motocicletas en dos días, tres motocicletas en tres días, cuatro motocicletas en cuatro días, cinco motocicletas en cinco días

Los hermanos López Becerra

Panchita tiene un hermano llamado Romualdo. **Panchita y Romualdo** se apellidan **López Becerra**. **Romualdo** tiene tantos hermanos como hermanas y todos apellidados López Becerra. **Panchita** tiene el doble de hermanos que de hermanas con los apellidos mencionados. **¿Cuántos hermanos y cuántas hermanas López Becerra hay en la familia?**

La elegancia

El señor Casanova dice: "Todas mis corbatas son rojas excepto dos, todas son grises excepto dos y todas son azules excepto dos". De acuerdo a lo dicho.

¿Cuántas corbatas tiene el señor Casanova y de qué colores son?

R= Cuatro hermanos y tres hermanas.

R= Tres: una roja, una gris y una azul.

La rana porfiada

Una rana cayó en un pozo de 30 metros de profundidad. En su intento por salir, la perseverante rana conseguía subir 3 metros cada día, pero por la noche resbalaba y bajaba 2. **¿Cuántos días tardó la rana en salir del pozo?**

R= 28 días. Cada día avanzaba 1 m. (3-2). El primer día llegó a una altura de 1 m., el segundo día, a una altura de 2 m. y así sucesivamente. El día número 27 brincó hasta una altura de 29 m., y resbaló 2 m., por lo que quedó a una altura de 27 m. y el día 28 brincó hasta una altura de 30 m. y ya no resbaló porque salió.

Toma y daca

Juan le dice a Pedro: "Si me das una oveja yo tengo el doble de ovejas que tú". Pedro le contesta: "No seas tan listo, dámela tú a mí, y así tenemos los dos igual cantidad". **¿Cuantas ovejas tiene cada uno?**

R= Juan tiene siete ovejas y Pedro tiene cinco.

Geografía física CG
¿Es natural o artificial el Canal de Suez?

A= Artificial. A diferencia de los estrechos, los canales por lo general son artificiales.

La tela de araña

Una araña teje su tela en el marco de una ventana. Cada día duplica la superficie hecha hasta entonces. De esta forma tarda 30 días en cubrir el hueco de la ventana. Si en vez de una araña, fueran dos, y que tejieran al mismo ritmo, **¿cuánto tardarían en cubrir dicho hueco?**

A= 29 días. Cuando una tenga cubierto medio hueco en el día 29, la otra araña también lo tendrá, y entre las dos tendrán la ventana completa.

Anatomía

¿Cómo se llaman las células del tejido nervioso?

R= Neuronas.

EL LECHERO JUSTO

Justo, el lechero, dispone únicamente de dos jarras (de tres y cinco litros de capacidad) para medir la leche que vende a sus clientes.

¿Cómo podrá Justo medir un litro sin desperdiciar la leche?

Reloj partido

¿Cómo se puede dividir la carátula de un reloj en dos partes iguales de modo que la suma de los números en cada una sea la misma?

R= 10 + 11 + 12 + 1 + 2 + 3 = 39 / 9 + 8 + 7 + 6 + 5 + 4 = 39

Bicicleta veloz PL
¿Cómo puede ir una bicicleta tan rápido como un avión?

Cerca de España CG
¿En qué continente se encuentra Marruecos?

Para ir bien vestido
En un cajón de tu ropero tienes doce calcetines grises y doce azules. No hay luz y quieres sacar la mínima cantidad posible de calcetines que necesitas para asegurarte de que completarás un par del mismo color, **¿cuántos calcetines tendrás que sacar del cajón?**

Y se le apareció el diablo...
Con las letras de las palabras *tu fosa* forma el nombre de un célebre personaje de la literatura, que ofreció su alma al diablo a cambio de gozar de los bienes terrenales.

R= Metiendo la bicicleta al avión.   R= En África.   R= Tres.   R= *Fausto*, de Johann W. Goethe.

¿Cómo se les llama a los nacidos en

París, **Atenas**, Moscú y **Monterrey**?

Con bombo y platillo

En Milpa Alta hubo una boda que se celebró con un fiestón de tres días consecutivos, con mole, guajolote, pulque y toda la cosa. **¿En qué fechas transcurrió la fiesta si sabemos que sumando los números de los días de esas fechas el resultado es 31?**

R= Parisinos, atenienses, moscovitas y regiomontanos.

R= 28 de febrero, 1 y 2 de marzo.

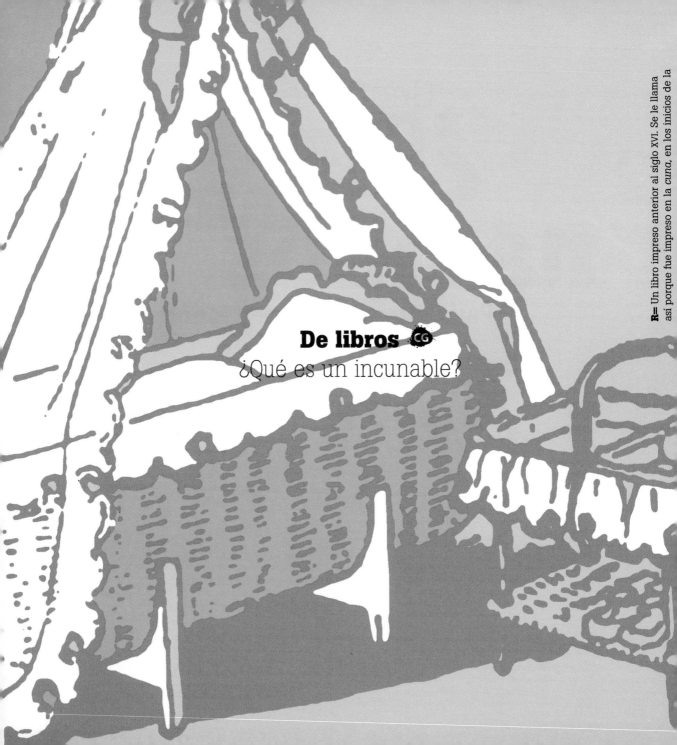

De libros ✆

¿Qué es un incunable?

R= Un libro impreso anterior al siglo XVI. Se le llama así porque fue impreso en la *cuna*, en los inicios de la

Bodegón

Si un cuadro enmarcado vale **$2 000**
y el cuadro vale **$1 000** más que el
marco, **¿cuánto vale el cuadro y
cuánto el marco?**

Serie de números

Los números que siguen están ordenados y forman una serie.

0 5 4 2 9 8 6 7 3 1

¿Podrías decir qué regla rige la
formación de tal serie?

R= Siguen el orden alfabético (cero, cinco, cuatro, dos...)

R= El cuadro $1 500 y el marco $500.

FLACOS y **GORDOS**

Los hermanos Héctor y Víctor, Victoriano –padre de ambos– y un vecino llamado Aureliano necesitan cruzar un río y sólo disponen de una barca. Los hermanos pesan 40 kilos cada uno y Victoriano y Aureliano 80 cada uno. La barca no soporta más de 80 kilos de peso.

¿Cómo lograron su propósito?

Viento marino

¿Cómo se le llama, en navegación,
a la parte de donde golpea el viento?

Policiaco

¿Quién mató a Caín?

No somos un reptil
ni somos ave
ni Pegaso, dragón
o cosa rara
y a pesar de no ser ave
ni nada,

**NO
SO
mos
na
da**

al revés
somos nada
y somos ave.

R= Barlovento.   **R=** Nadie que sepamos. Lo que sabemos es que fue Caín quien mató a Abel.   **R=** Adán y Eva.

180
·········
181

C y **R.**

¿Qué es lo que tiene Adán por delante y Eva por detrás?

C y **R.**

¿Cuántos animales de cada especie llevó Moisés en el arca?

R= La letra "a".

R= Ninguno, el del Arca era Noé.

Hallazgo antropológico **H** y **R**

El profesor Suárez organiza una expedición arqueológica a un lugar cercano al Monte Ararat y, excavando tesoneramente, descubre los cadáveres de un hombre y una mujer desnudos y bien conservados gracias a que estaban en la nieve. En cuanto los ve grita a sus compañeros: "¡Miren, son Adán y Eva!"

¿Cómo supo el profesor Suárez que eran precisamente Adán y Eva?

¿Qué es lo que está en medio del cielo? **C** y **R**

¿Cómo se llaman los naturales de Jerusalén? **CG**

¿Qué fue lo último que hizo la reina Cleopatra, amante de Marco Antonio? **C**

R= No tenían ombligo y a Adán le faltaba una costilla.   **R=** La letra "e".   **R=** Hierosolimitanos.   **R=** Morirse.

¿Por qué en todos los hospitales debe haber un sacerdote? **C** y **H**

¿Cuál es el instrumento sonoro que sólo tiene una cuerda? **PL**

¿Dónde nació Jesús de Nazaret? **CG** y **R**

¿Qué año es el siguiente al año 1 antes de Cristo?

¿Cuál es el alimento de mayor consumo en el mundo? **CG**

R= Pues si no, los enfermos no tendrían cura.

R= La campana de la iglesia.

R= En Belén.

R= El año 1 después de Cristo.

R= El arroz.

Se va encogiendo

¿Cuál es la palabra que significa *rememorado o traído a la memoria*, y si le quitas la sílaba inicial te queda otra palabra que significa *instrumento musical con cuerdas* y, si a esta nueva palabra le suprimes la sílaba inicial, te queda una palabra que significa pieza cúbica para jugar y, si a esta nueva palabra le quitas la sílaba inicial te queda otra palabra que es una nota musical?

Asunto financiero PL

El señor Melquíades Treviño, regiomontano rico, pero muy ahorrador, solicita un préstamo a un banco, con un importe de 2 000 pesos, y ofrece dejar como prenda, en el mismo banco, su coche Lincoln valorado en 600 000 pesos. El gerente del banco no encuentra razón alguna por la que un hombre tan rico solicite un préstamo irrisorio, pero no ve ninguna razón para rechazar su solicitud, así que el préstamo es concedido. Un mes más tarde el señor Treviño vuelve, devuelve el préstamo por completo, más el interés de un mes, y se lleva su Lincoln.

¿Por qué pidió el préstamo?

R= Melquíades Treviño iba a viajar a Europa y por guardar su carro en una pensión le cobraban más que los intereses que tenía que pagar por los $2 000.

Paja a montones

Un agricultor tiene tres montones de paja en el prado y cuatro montones en el pajar. Si los juntara todos, **¿cuántos montones tendría?**

Sistema óseo

¿En que parte del cuerpo humano se encuentran los huesos más pequeños? CG

R= En los oídos.

R= Uno.

Cosecha y degustación

Subí a un árbol que tenía manzanas; comí una y
el árbol ya no tenía manzanas.

¿Cuántas tenía cuando subí?

Nombre convertible

**¿Puedes mencionar un nombre de persona, masculino, de cuatro
sílabas, que se convierte en otro nombre masculino si se ponen sus
dos últimas sílabas al principio y sus dos primeras al final?**

(ABCD se reordenan a CDAB.)

Palabra muy regular

**¿Qué palabra es aquella en la que cada letra aparece exactamente
dos veces y tiene más de trece letras?**

Monedas en círculo (curiosidad estética)

Coloca una moneda circular encima de una mesa. Adivina cuántas monedas, del
mismo tamaño, podemos colocar alrededor de ella. Las monedas que se coloquen
alrededor deben tener contacto con la primera y entre ellas.

(No está permitido montar una moneda en otra.)

R= Dos (quedó una sola manzana en el árbol).

R= Doroteo. Se transforma en Teodoro (o viceversa).

R= Aristocráticos.

R= Seis exactamente.

¿CUÁNTOS **CUADRADOS** ESTÁN EN EL **DIBUJO?**

tendedero

Si una camisa mojada se seca en 7 minutos, **¿cuánto tardarán en secarse en las mismas condiciones 14 camisas iguales a la mencionada?**

C

Presencia infalible CG

¿Cuál es el elemento que se encuentra en todas las células orgánicas?

C

Céntrica

¿Qué ciudad está
todavía en el centro
de la antigua
Checoslovaquia?

Tierra de esquimales

¿En qué continente se encuentra Alaska?

Tierra de sombras largas

¿En qué continente se encuentra Islandia?

Palabrota

¿Puedes encontrar alguna
palabra de cuatro sílabas con
más de trece letras?

Los
continentes CG

Mucho se habla de los cinco continentes.
Por orden alfabético son: África, América,
Asia, Europa y… ¿cuál es el quinto?

R= Oceanía.

R= Trasplantarlos.

Nopales asados

Tengo tres nopales, pero en el comal sólo caben dos.

Quiero asar cada lado del nopal 5 minutos porque ya probé que así, con un poco de sal y unas gotas de limón, quedan muy sabrosos. Dispongo solamente de un cuarto de hora para asar mis nopales.

¿Cómo le hago para que en el tiempo del que dispongo queden mis nopales como a mí me gustan, es decir, los tres nopales asados 5 minutos de cada lado?

R= Los nombraremos nopal 1, nopal 2 y nopal 3. Pongo en el comal los nopales 1 y 2 cinco minutos; volteo el 1, saco el 2 y pongo en el comal el 3, otros cinco minutos (van diez minutos). Me han quedado: el 1 totalmente asado y el 2 y el 3 asados sólo de un lado. En los restantes 5 minutos pongo a asar el 2 y el 3 del lado que les faltaba.

El inmenso mar ^{CG}

A la gran masa de agua que cubre la mayor parte de la superficie de nuestro planeta se le llama el mar o bien, el océano. Este último término también se usa para designar las partes en que se divide la gran masa de agua, a saber: océano Atlántico, Pacífico, Glacial Ártico, Glacial Antártico y…

¿cuál es el que falta?

R= Océano Índico.

Llenos y vacíos

Forman una fila tres vasos llenos y en seguida tres vacíos (1, 2, 3, llenos; 4, 5, 6, vacíos). **¿Podrías hacer que los vasos quedaran exactamente alternados los llenos con los vacíos (1 lleno, 2 vacío, 3 lleno, 4 vacío, 5 lleno y 6 vacío), moviendo solamente uno?**

Adivina adivinador, adivina

Yo tengo un moño ondulado
y el moño me tiene a mí,
en un hombre no me hallo
pero en una niña sí.

Qué es, qué es

Mi piso es cuadriculado
con sesenta y cuatro cuadros,
sostengo treinta y dos piezas,
unas blancas, otras negras,
todas de forma muy bella.

Qué cosa será la cosa

Sin ser casa tengo cuartos,
sin morirme nazco nueva
y a pesar de que no como,
algunas veces voy llena.

R= La Luna.   **R=** El ajedrez.   **R=** La letra "ñ".   **R=** Tomas el vaso 2 y su contenido lo pasas al vaso 5. Vuelves a colocar el dos, ya vacío, en su lugar de origen. Sólo moviste el 2.

Adivina, adivinanza

El todo es muy poca cosa
pero, leído al, revés
es el hombre más **antiguo**,
adivina pues quién es.

¿Dónde quieres el acento?

¿Puedes mencionar cuando menos tres palabras que tengan tres significados diferentes, según en dónde se coloque su acento; es decir, según si son esdrújulas, graves o agudas?

Acertijo **adivi**nanza

Este banco está ocupado
por un padre y por un hijo;
el padre se llama Juan,
el hijo ya te lo he dicho.

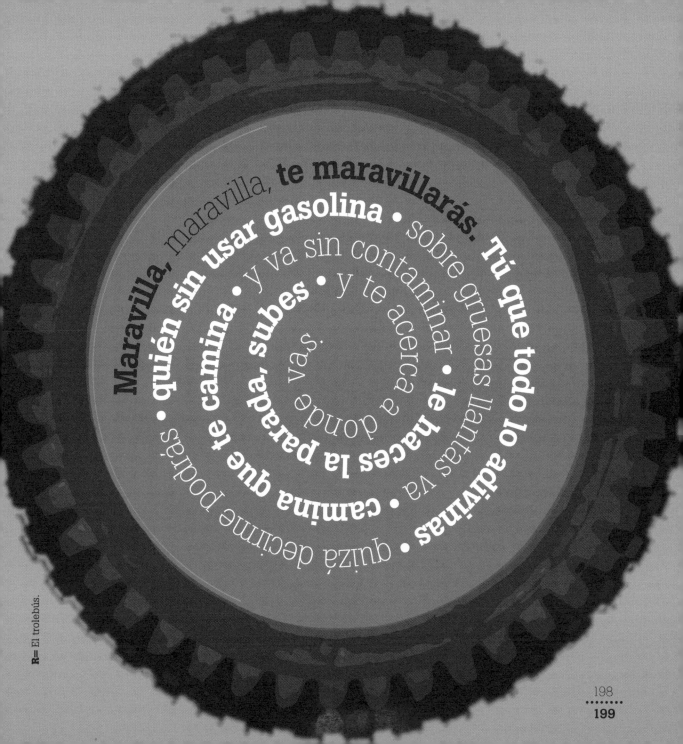

Maravilla, maravilla, te maravillarás. Tú que todo lo adivinas • quién sin usar gasolina • y va sin contaminar • sobre gruesas llantas va • le haces la parada, subes • y te acerca • y va sin caminar • camina que te camina • a donde vas. • quizá decirme podrás

El buen chafirete H

Si un coche toma una curva
a la derecha a 40 kilómetros por hora,
¿cuál es la llanta que menos gira?

Reparto equitativo H

¿CÓMO PODRÁ REPARTIR EQUITATIVAMENTE UNA MADRE TRES PAPAS ENTRE SUS CUATRO HIJOS?

R= En puré.   **R=** La llanta de refacción.

Fruta con hache [H]

¿Dónde lleva
la **hache** el
melocotón?

R= En el hueso.

El misterio del Expreso Norte ⓗ

En uno de los compartimentos del tren llamado *Expreso Norte*, viajan una muchacha muy hermosa de ojos aceitunados llamada Brigitte, un hombre rubio, fornido y pecoso llamado Tom y otro hombre moreno y alegre llamado Francisco, mejor conocido como Pancho. Al llegar a un túnel, como no va prendida ninguna luz, se hace una oscuridad completa. En ese momento se escucha el sonido de un beso, el ruido característico de una cachetada y un quejido. Al salir del túnel y volver la luz al compartimiento, se ve a Tom sobándose su enrojecida mejilla.

¿Qué va pensando cada uno de nuestros personajes? **Tom piensa: "Pancho le dio un beso a Brigitte, quien creyó que fui yo el atrevido y me dio tremenda cachetada"; Brigitte piensa: "Tom me quiso besar, se equivocó y besó a Pancho y éste le dio una cachetada".**

¿Qué va pensando Pancho?

R= "Esto está divertidísimo: para el otro túnel me vuelvo a besar la mano y le planto otra cachetada a Tom!"

Otro reparto equitativo C y H

Al morir, el señor Rockefort dejó dicho ante notario que heredaba 13 millones y que era su deseo que esa suma se repartiera en partes exactamente iguales entre sus 3 hijos.

¿Cuánto le tocó a cada hijo?

(Este acertijo y otros que ya viste son mejores platicados que escritos, por el juego de sonidos que implica su solución.)

¿Dónde lleva el acento la botella? C y H

¿En qué se parece un perro a una vaca?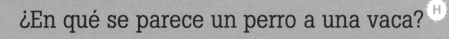

Conflagración

En una pequeña isla del Caribe rica en pastizales, solamente vivían los pastores Cipriano y Juana con su rebaño de ovejas y cabras. Del lado oriente estaba la única playa de la isla y del lado poniente sólo elevados acantilados y rocas inaccesibles. **Un día, ciertos viajeros desembarcaron momentáneamente en el lado oriente de la isla.** Al marcharse, no tuvieron el cuidado de dejar bien apagada la fogata que habían hecho, por lo que se inició un terrible incendio que empezó a devastar la vegetación de oriente a poniente, ya que precisamente en esa dirección soplaba el viento. **Cipriano y Juana se dieron cuenta del grave peligro que corrían ellos y su ganado. Se sintieron atrapados en un callejón sin salida.** Una gran muralla de llamas avanzaba a lo ancho de la isla, de oriente a poniente. No tenían salida pues el fuego no permitía ir hacia la playa y el resto de la costa era inaccesible. Sin embargo, los pastores encontraron una manera ingeniosa de salvarse; **¿cuál fue?**

R= Cipriano y Juana acercaron un poco el ganado a las llamas. Después prendieron un segundo fuego en un punto, a escasa distancia de ahí, hacia el poniente, mismo que empezó a avanzar hacia a avanzar hacia el acantilado quemando los pastos. Conforme el segundo fuego iba devastando la vegetación, ese terreno iba siendo paulatinamente ocupado por los pastores y sus animales. Cuando el primer fuego llegó a donde se inició el segundo, se extinguió pues ya no tuvo qué quemar y así, pastores y rebaño se salvaron.

Ocho chanchos chonchos (H)

Don Camilo compró ocho puercos que pesaban 50 kilogramos cada uno. Al año ya pesaban 250 kilogramos cada uno.

¿Cómo hizo don Camilo para engordarlos si no les daba de comer?

R= No les daba de comer, pero sí de almorzar y de cenar.

Bien arropado[H]

¿A cuánto equivale camisa y
media más camisa y media?

Palindroma y capicúa

Un palindroma o palíndromo es una palabra o expresión cuya lectura al hacerse de derecha a izquierda resulta igual a su lectura normal, por ejemplo:

A DAFNE EL OIR AÍDA DIARIO LE ENFADA

La palabra capicúa se aplica al número cuyas cifras son simétricas, de modo que resulta lo mismo leído al derecho que al revés (también a la palabra, expresión o frase semejante). Por ejemplo el 2002 es un número capicúa.
¿Cuál será el año capicúa más próximo?

R= El 2112.

Sancho Panza,
gobernador de la ínsula Barataria

En la obra cumbre de Miguel de Cervantes, *El ingenioso Hidalgo Don Quijote de la Mancha*, se cuenta que siendo Sancho Panza gobernador de la ínsula Barataria y habiendo ganado fama de justo y además, de tener un agudo y elevado entendimiento en la hora en que juzgaba, un forastero le planteó un problema:

—Señor, un caudaloso río divide dos términos del mismo señorío. Sobre ese río está un puente, y al cabo de él una horca y una casa de audiencia, en la cual hay cuatro jueces que juzgan la ley que puso el dueño del río, del puente y del señorío, que es en esta forma: **"Si alguno pasare por este puente de una parte a otra, ha de jurar, primero, a dónde y a qué va; y si jurare verdad, déjenle pasar; y si dijere mentira, muera por ello ahorcado en la horca que allí se muestra, sin remisión alguna"**. Así, pasaron muchos. Sucedió, pues, que tomando juramento a un hombre, juró y dijo que para el juramento que hacía, que iba a morir en aquella horca que allí estaba y no en otra cosa. Repararon los jueces en el juramento, y dijeron: "Si a este hombre lo dejamos pasar libremente, mintió en su juramento y, conforme a la ley, debe morir; y si le ahorcamos, él juró que iba a morir en aquella horca, y habiendo jurado verdad, por la misma ley debe ser libre".

El forastero pidió que el gobernador Sancho Panza diese su parecer para que los jueces supieran qué hacer con ese hombre en tan intrincado y dudoso caso.

▲ Después de que Sancho Panza sopesó varias condiciones y comprendió a ciencia cierta el caso, meditó un rato y confesó de esta suerte: "Este pasajero que decís tiene la misma razón para morir que para vivir y pasar el puente; porque si la verdad le salva, la mentira le condena igualmente; soy del parecer que digáis a los señores que a mí os enviaron que, pues están en un fiel las razones de condenarle o absolverle, que le dejen pasar libremente, pues siempre es alabado más el hacer bien que mal. Esto yo lo firmaria si supiera firmar. Yo en este caso no he hablado de mío sino que me vino a la memoria un precepto, que me dio mi amo Don Quijote y que fue que cuando la justicia estuviese en duda, me decantase y acogiese a la misericordia…"

(Capítulo ɪɪ de *Don Quijote de la Mancha*, de Miguel de Cervantes Saavedra.)

Tú, amigo lector, si estuvieras en el
lugar del escudero de Don Quijote,
¿qué habrías resuelto y decidido?

**OBLEMAS**

BLEMAS

ILES

* En esta sección las soluciones,
como son más extensas
e incluyen explicación, se dan
al final del capítulo conforme al
número del acertijo.

PROBLEMAS NO TAN FÁCILES

1. TUS TESOROS

Tienes 3 cajas. Una contiene canicas, otra semillas de chabacano y la otra corcholatas. Quien puso las etiquetas de lo que contenían se ha confundido y no ha acertado a poner bien ninguna.

¿Cómo puedes saber lo que efectivamente contiene cada caja y así poner correctamente las etiquetas, abriendo sólo una?

2. PASTELES PARA EL BAUTIZO

El día en que bautizaron al hijo de Yuriria, ésta y 2 de sus amigas acordaron comprar varios pasteles y pagar las 3 por partes iguales: Chole llevó 3 pasteles y Tomasa 5 del mismo precio. Yuriria, que era excelente matemática y además, muy justa, al saber cuánto habían gastado sus amigas puso $160.

¿Cómo se deben repartir Tomasa y Chole el dinero que dio Yuriria, de manera tal que las 3 amigas cooperen por partes iguales para cubrir el gasto de los pasteles?

3. IVÁN IVANOVICH

Un viejo cuento ruso nos narra cómo Iván Ivanovich fue burlado en las cercanías de un río. Se decía suspirando: "Quiero ser rico y todos me dicen que consiga un trabajo o invoque al diablo para conseguir algo de él, pero no creo que Lucifer pueda ayudarme a realizar mi propósito".

No bien hubo dicho esto cuando, ¡zaz!, que aparece el demonio exactamente frente a él. "¿Quieres ganar dinero, Iván?", preguntó Lucifer. Iván movió perezosamente la cabeza en señal de asentimiento. "Entonces –continuó el diablo– ¿ves aquel puente? Todo lo que tienes que hacer es cruzarlo y, cada vez que lo hagas, el dinero que traigas en el bolsillo se duplicará." Iván ya iba presuroso hacia el puente cuando el diablo lo detuvo. "Un momento", le dijo socarronamente. "Ya que soy tan generoso contigo, creo que es justo que me correspondas con algo de dinero para mis pequeños gastos. ¿Me darías 8 rublos cada vez que cruces el puente?"

Iván Ivanovich rápidamente aceptó. Cruzó el puente y metió la mano al bolsillo. ¡Como por arte de magia su dinero se había duplicado! Pagó 8 rublos al diablo que lo esperaba a la orilla del río y volvió a cruzar. De nuevo su dinero se había duplicado; pagó otros 8 rublos al diablo y cruzó una tercera vez. Su dinero se duplicó una vez más, pero cuando lo contó, se dio cuenta de que sólo tenía 8 rublos en su bolsillo, los cuales tenía que pagar al diablo. Lo hizo, y se quedó anonadado y sin un solo rublo para duplicar.

El diablo cobró, se rió y desapareció.

¿Cuántos rublos llevaba Iván en su bolsillo cuando se le apareció el diablo, es decir, antes de pasar por primera vez el puente?

4. EL TESTAMENTO DEL SULTÁN SHARIF

El sultán Sharif, al morir, dejó a sus 3 hijos varios camellos como herencia. Al primogénito dejó la mitad de la cantidad de camellos que tenía, al segundo la cuarta parte y al más pequeño la sexta parte. Resulta que los camellos que poseía Sharif eran 11. ¿Cómo se los podían repartir sin matar ninguno de ellos? Le consultaron entonces a Hasán, un moro famoso por su sabiduría que era amigo del padre fallecido, quien les dijo: "La solución es fácil y yo les ayudaré".

¿Cuál es tal solución?

5. LOS 3 SABIOS MÁS SABIOS

En el reino en crisis de Salsipuedes, el rey Dadi Voso pretende eliminar a sus 3 sabios consejeros. Antes de sentenciarlos a muerte, les propone un acertijo y les promete que si lo resuelven les perdonará la vida. Dadi Voso coloca formados en fila a los 3 sabios. "Dispongo de 5 gorros –les dice– 3 blancos y 2 negros. Os colocaré a cada uno de vosotros uno de estos gorros en vuestra cabeza, de manera que seréis capaces de ver el gorro que llevan los que están adelante de cada uno de vosotros, pero no el vuestro. Dicho de otro modo, el último sabio de la fila verá a los otros 2, el segundo sabio, sólo al primero, y el primer sabio no verá a ninguno de los otros sabios. El juego consiste en que alguno de vosotros debe adivinar lo antes posible el color del gorro que lleva y explicar cómo lo ha adivinado. Pero si uno de vosotros se equivoca, ¡moriréis los 3!".

Entonces el rey colocó, a cada uno de los 3 un gorro y guardó los restantes. Empezó preguntando al último de la fila que no respondió nada. Continuó preguntando al segundo que tampoco respondió. Y cuando le tocó al primero, éste respondió: "¡Mi gorro es blanco!", y acertó. Después explicó correctamente su razonamiento. El rey Dadi Voso les perdonó la vida.

¿Cómo supo el primer sabio el color de su gorro?

6. HERRERO INGENIOSO

A un herrero le encargan unir 5 trozos de cadena, de 3 eslabones cada trozo, de manera que se forme una sola cadena de 15 eslabones. Le piden que haga los menos cortes como sea posible.

¿Cuál es el mínimo de cortes que tiene que hacer el herrero para formar la cadena y cómo lo logra?

7. ADRIANA, LA VIAJERA

Adriana fue en su carcachita de Xalapa a Barra Gaviotas a una velocidad de 90 kilómetros por hora y de allí regresó a Xalapa a 60 kilómetros por hora.

¿Cuál fue el promedio de velocidad que logró en ese recorrido si la distancia de Xalapa a Barra Gaviotas es de 180 kilómetros?

8. NUMERAZO

¿Qué número, menor de mil, es el que en su nombre tiene más letras?

9. ESO DE VIVIR EN LAS ALTURAS PL

El señor Salomón Palomares vive en el piso vigésimo de un condominio. Como es natural, para subir a su departamento al volver de su lugar de trabajo, toma el elevador, pero, cosa extraña, siempre se baja en el piso décimo séptimo y sube por la escalera los tres pisos que le faltan, excepto los días de lluvia.

¿Por qué procede así don Salomón Palomares?

10. CUBISMO

La arista de un cubo mide un metro. La arista de un segundo cubo mide 2 metros.

¿Cuántas veces menos capacidad tiene el primer cubo que el segundo?

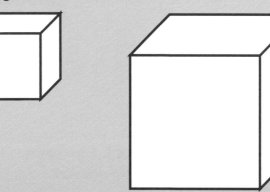

11. UN PROBLEMA DE BALANZA SIN PESAS

Imagina que tienes 27 bolas de billar que parecen idénticas. Sin embargo hay una defectuosa que pesa ligeramente más que las otras. Disponemos de una balanza, pero no de un juego de pesas, de manera que lo único que podemos hacer es comparar pesos. Demuestra que se puede localizar la bola defectuosa con sólo 3 pesadas.

12. LAS PALOMAS Y EL GAVILÁN

Pasó un gavilán volando
muy cerca de un palomar
y dijo muy fanfarrón:
　　—Cien palomas, ¿cómo están?
　　—No somos cien —respondieron
las aves del palomar:
　　—Si al total que somos, suma
otra cantidad igual
y a este tanto le agrega
de nosotras la mitad
y después la cuarta parte y
usted, señor Gavilán,
sólo así ajustaremos
exacto el centenar.

**¿Cuántas eran las palomas
que había en el palomar?**

13. ORIGINAL MANERA MEDIEVAL DE MULTIPLICAR

Incluimos este acertijo que no plantea un problema específico a resolver, pero es curioso e interesante.

En la Edad Media los comerciantes, para multiplicar números (sólo los incluidos entre el 5 y el 10) usaban sus dedos. Puedes usar esta forma en el supuesto caso en que se te olvidaran algunas tablas de multiplicar.

Lo explicaremos con un ejemplo:

9 x 6 = 54

Para representar el 9:

Puño cerrado es 5. Para complementar, se extienden 4 dedos (6, 7, 8, 9); queda 1 dedo *cerrado*: el pulgar.

Para representar el 6 (con la otra mano):

Puño cerrado es 5. Para complementar, se extiende 1 dedo (6): quedan 4 dedos *cerrados*.

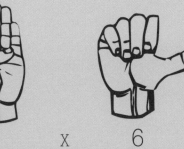

9   x   6

Quedan en una mano un dedo cerrado y en la otra cuatro, y extendidos quedan 4 dedos en una mano y uno en la otra. Los extendidos se suman (son las decenas). Los cerrados se multiplican. Al final los dos resultados se suman.

1 + 4 = 5   Cinco decenas (50).

4 x 1 = 4

50 + 4 = 54

No busques solución.

14. EL BARRIL DE VINO

Tenemos un barril de vino, con la figura típica de los barriles, sin tapa y con capacidad para 100 litros. Sin instrumentos de medir y sin sacar vino del barril, **¿cómo podemos saber fácilmente si hay 50 litros en su interior, si hay más de esa cantidad, o si hay menos?**

15. OTRO PROBLEMA DE EDADES. EL TÍO ROQUE Y SU SOBRINO

El tío Roque le dice a su sobrino: "Yo tengo el triple de la edad que tú tenías cuando yo tenía la edad que tú tienes. Cuando tú tengas la edad que yo tengo ahora, la suma de las dos edades será de 70 años".

¿Qué edad tienen ahora ambos?

16. EL QUE NO OYE CONSEJO…

Robustiano, joven aficionado a los malabarismos, va a cruzar un puente construido en forma provisoria por unos ingenieros. El puente soporta únicamente hasta 88 kilogramos. Robustiano pesa exactamente 87 pero lleva 3 bolsitas con monedas de oro que pesan cada una medio kilo. Los ingenieros, al conocer estos datos, le advierten del peligro, y le hacen ver que su peso más el de las bolsitas de oro sobrepasa la capacidad del puente y abajo, el torrente de agua es muy fuerte. Si cae, se puede ahogar. Robustiano medita y decide pasar, pues deduce que haciendo malabares con las 3 bolsitas mientras pasa, mantendrá siempre una en el aire y sólo contarán los pesos de las 2 bolsas restantes y el de él. Según sus cálculos ese peso será de 88 kilogramos, que es lo que soporta el puente. Les dice entonces: "No se preocupen, pasaré sin peligro alguno". Realiza sus planes, mantiene siempre una bolsita en el aire, pero no bien da unos pasos, el puente se cuartea, se rompe, y Robustiano cae al río. Sólo se salva porque además de malabarista es muy buen nadador.

¿Por qué fallaron los cálculos de Robustiano?

17. LOS 2 CORREDORES

A las 4 de la tarde los corredores Pancho y Poncho salen de un mismo punto y empiezan a correr por una pista ovalada. Pancho corre en el sentido de las agujas del reloj y Poncho en sentido contrario. A las 6 de la tarde los 2 se encuentran otra vez en el punto de partida. Si Pancho ha dado 12 vueltas a la pista y Poncho 14 vueltas, **¿cuántas veces se han cruzado durante la carrera?**

18. PASTEL DE ZARZAMORA

Para terminar de cocinar el exquisito pastel que tienes en el molde, lo debes hornear 13 minutos, ni más ni menos, y sólo cuentas para medirlos con dos relojes de arena, uno de 9 y otro de 5 minutos.

¿Cómo te las arreglarías?

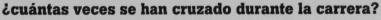

19. EL PRISIONERO ASTUTO

Un rey muy malo que, además, hacía bromas de mal gusto, pero, eso sí, presumía de cumplir siempre lo que ofrecía, tenía en sus mazmorras a 10 prisioneros. Para divertirse, ofreció la libertad inmediata a uno de los 10 desdichados y dijo que había de ser elegido al azar. Para tal efecto preparó una caja con 10 bolitas, dizque 9 negras y una blanca, y les dijo que aquél que extrajera la bola blanca sería quien obtendría su libertad. Pero el rey colocó, sin que nadie lo supiera, las 10 bolitas negras, para, de esta manera, asegurarse de que ninguno de los 10 prisioneros quedara en libertad. El prisionero Orlando tenía fama de listo y se enteró casualmente de la trampa que iba a hacer el rey; logró su libertad urdiendo una estratagema.

¿Cuál fue ésta?

20. GRANJA MIXTA

En una granja de cría de conejos y guajolotes hay en total 25 cabezas y 70 patas de estos animales.

¿Cuántos conejos y cuántos guajolotes hay?

21. CAMPANADAS

¿Cuánto tarda un reloj en dar las 12 campanadas sabiendo que en dar las 6 tarda 30 segundos?

22. EL VENDEDOR DE NARANJAS

Mauricio, vendedor en un mercado sobre ruedas, se propuso vender las 305 naranjas que tenía a razón de 10 pesos cada 5 naranjas. En el momento de la venta cambió de opinión y separó las naranjas en 2 montones: uno con las 152 naranjas más grandes y otro con las 153 más pequeñas. Las grandes las vendió a 5 pesos cada 2 naranjas y las pequeñas a 5 pesos cada 3 naranjas.

¿Era esto equivalente a la intención primera?, ¿qué opción era la más conveniente para Mauricio?

23. SIN HACERSE BOLAS PL

¿Cómo podremos disponer 9 bolas en 4 cajas de forma que cada una tenga una cantidad impar de bolas y distinta de la de cada una de las otras tres?

24. ¿DÓNDE QUEDÓ LA BOLITA?

Tres amigos, Bulmaro, Jacinto y Eleuterio, van a tomar café. Piden la cuenta y el mesero les dice que son $25 por los 3 cafés. Cada uno pone $10, en total $30. Se los dan al mesero, quien les trae el cambio: $5. De ese cambio de $5, Bulmaro, Jacinto y Eleuterio toman cada uno un peso y dan los otros 2 de propina al mesero; es decir, cada uno paga $9, que por 3, hacen un total de $27. Ahora bien, $27 más los $2 de propina dan $29.

¿Dónde está el peso que falta?

25. LOS COFRES DE ZULEMA

Hace muchos años, en Bagdad, vivía una hermosa joven llamada Zulema, quien tenía un pretendiente de nombre Ataf, perdidamente enamorado de ella. Jusrab, el padre de Zulema, consentiría en el matrimonio de su hija con el apasionado pretendiente si este último demostraba tener una inteligencia aguda. Para corroborarlo y estar seguro de que el joven Ataf merecía la mano de su hija, Jusrab le planteó un acertijo. Si el joven lo resolvía satisfactoriamente, sería aceptado como esposo de Zulema.

Zulema tenía 3 cofres: uno de oro, uno de plata y otro de cobre. En uno de ellos guardaba un finísimo collar de perlas, regalo de su madre. Jusrab, el padre de Zulema, mandó grabar en los cofres las siguientes inscripciones:

Inscripción en el cofre de oro: "El collar está en este cofre".
Inscripción en el cofre de plata: "El collar no está en este cofre".
Inscripción en el cofre de cobre: "El collar no está en el cofre de oro".

Jusrab explicó a Ataf, que sólo una de las tres afirmaciones era verdadera. Ataf, para ser aceptado como esposo de Zulema tenía que deducir en qué cofre estaba el collar. El pretendiente hizo la deducción correcta, indicó en qué cofre estaba el collar, fue aceptado y, como en los cuentos de hadas, se casó con su pretendida y él y ella fueron muy felices.

¿En qué cofre estaba el collar de perlas y cuál fue el razonamiento de Ataf?

26. LAS 5 ESCLAVAS

El joven príncipe Abou-Hassan acudió al reino de Bagdad para
pedir la mano de la bella princesa Doniazada, hija del poderoso
califa Harum Al-Raschid. El califa propuso al príncipe un reto para
que éste pudiese demostrar que era digno de su hija
la princesa. El reto consistía en la resolución del siguiente
problema: "Poseo 5 esclavas: Zuleima, Jazmín, Ubalda, Asisa
y Nima" dijo el califa. "Dos de ellas tienen los ojos negros y 3 los
tienen azules. Las que tienen los ojos negros son muy veraces:
siempre dicen la verdad, y las que tienen los ojos azules son unas
mentirosas: siempre mienten cuando hablan acerca del color de
los ojos. Estas 5 esclavas serán conducidas ante vuestra presencia
con los ojos vendados. Sin verles los ojos, tendrás que descubrir
quiénes tienen los ojos negros y quiénes tienen los ojos azules, y
para ello podrás hacerles una única pregunta o pedir a una de las
esclavas que diga algo relacionado con los ojos de ellas. Las que
mienten siempre dirán el color contrario al verdadero. Si el color es
azul, dirán negro y viceversa."

**¿Con cuál pregunta pudo el príncipe Abou-Hassan
descubrir el color de los ojos de las esclavas?**

(La pregunta puede requerir una respuesta larga y explicativa.)

27. LA COLECCIÓN DE MONEDAS

Don Eduardo Rico decide vender una colección de monedas de oro, todas iguales, a 3 coleccionistas. El primero compra la mitad de la colección y media moneda; el segundo, la mitad de las monedas que quedan y media moneda; y el tercero la mitad de las monedas que quedan y media moneda. No hubo necesidad de partir moneda alguna. A don Eduardo, por supuesto, no le queda ni una sola de las monedas de oro.

¿Cuántas tenía?

28. TE ADIVINO EL PENSAMIENTO

Con fichas de dominó haces un círculo que va a representar un *reloj*. Cada ficha representará una hora: para la 1 usas la ficha blanca-uno; para las 2, la blanca-dos; para las 3, la blanca-tres… para las 7, la seis-uno; para las 8, la seis-dos; y así sucesivamente. En el centro puedes poner la mula de blancas, que va a representar las manecillas del reloj.

Le dices a algún amigo que piense una hora exacta (sin fracciones) la cual tú adivinarás. Le dices al amigo que producirás el *tic tac* del reloj golpeando con otra ficha, sobre distintas horas del reloj, y que él, a partir de la hora que pensó, empezará a contar los golpes que des, y que te avise justo cuando la cuenta llegue a 20. Entonces el último golpe que diste habrá caido en la hora que pensó, demostrando que adivinaste su pensamiento.

¿Cómo se puede lograr tal prodigio?

29. LOS 9 PUNTOS

¿Cómo se puede trazar, en forma continua, es decir, sin despegar el lápiz, cuatro líneas rectas que pasen sólo una vez por cada uno de los 9 puntos de la siguiente figura?

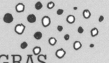

30. CANICAS BLANCAS Y CANICAS NEGRAS

Tenemos 3 botes con canicas. En uno hay exclusivamente canicas blancas, en otro sólo canicas negras y en el restante, canicas blancas y negras. Están etiquetados con etiquetas que rezan: "Canicas blancas", "canicas negras" y "canicas blancas y negras", pero las 3 etiquetas están incorrectamente puestas, es decir, ninguna corresponde al bote que indican.

¿Cómo podemos corregir este desaguisado y poner las etiquetas en el bote al que corresponden sacando una sola canica de algún bote?

(Por supuesto no se permite ver hacia dentro de los botes.)

31. LOS CORREDORES Y LA MOSCA PERTINAZ

Dos corredores, Clemente y Marcelo, se encuentran a 40 kilómetros de distancia uno del otro. Empiezan a correr en el mismo momento, cada uno en dirección al otro, a 10 kilómetros por hora. También, en ese instante, una mosca que estaba en la nariz de Clemente empieza a volar a 20 kilómetros por hora hacia Marcelo. Cuando lo encuentra, le roza la nariz y continúa su recorrido ahora en dirección a Clemente. Así, la mosca va todo el tiempo de Clemente a Marcelo y de Marcelo a Clemente y recorre una distancia que se va reduciendo, hasta el momento en que se encuentran los dos corredores. En este trayecto, **¿qué distancia recorrió la mosca?**

32. ALTERNADITAS

Hay una palabra que tiene más de 16 letras, la primera es consonante y todas van alternándose entre consonantes y vocales, es decir, nunca aparecen seguidas 2 consonantes ni 2 vocales.

¿Cuál es esa palabra?

33. FILARMÓNICOS

A un examen de admisión del Conservatorio de Música se presentaron 36 alumnos, de diferentes maestros. Todos los que eran discípulos del profesor Bach aprobaron y la cantidad de éstos era exactamente 5% del total de aprobados.

¿Cuántos alumnos aprobaron y cuántos eran del profesor Bach?

34. EXPLORADOR EN PELIGRO

Ricardo, el explorador, parte de un punto, camina 2 kilómetros exactamente hacia el sur, 2 kilómetros hacia el este, allí mata a un oso que lo atacó, camina otros 2 kilómetros hacia el norte, y resulta que volvió al punto del cual partió.

¿De qué color era el oso?

35. CANIBALISMO

Tres habitantes de Trikibamba y 3 de Cocorimba tienen que pasar un río. Los trikibambos saben remar y los cocorimbos no, excepto uno, llamado Chompepe que sí sabe remar. Además, los Cocorimbos son caníbales. Para facilidad en el planteamiento y en la solución, llamaremos a los de Trikibamba, normales, y a los de Cocorimba, caníbales, excepto al caníbal que sabe remar, al que llamaremos por su nombre: Chompepe.

Disponen de una lancha que sólo soporta el peso de 2 personas.

No pueden nunca quedar más caníbales que normales en ninguna de las orillas, pues los caníbales, en tal caso, se comerían a los normales.

Todos desean cruzar el río y se las ingenian para eso.

¿Cómo consiguieron pasar los 6 sin percance alguno?

(Se sugiere ensayar la solución con botones, semillas u objetos similares.)

36. ERROR EN CAJA

La señora Bermúdez acude al banco para cobrar un cheque. El cajero se equivoca y le paga en centavos la cantidad anotada como pesos y en pesos la cantidad anotada como centavos. La señora Bermúdez sale del banco, regala 5 centavos a un niño, y se percata de que trae exactamente el doble de la cantidad que debió haber cobrado por el cheque; ella no traía nada de dinero antes de cobrar el documento: **¿de qué cantidad era el cheque?**

37. LAS MONEDAS FALSAS

Romualdo era un viejo algo tacaño que tenía muchas monedas de oro. Su esposa y sus hijos le insistían en que metiera al banco esa fortuna y así generara intereses y ellos tuvieran cierta seguridad económica.

Romualdo tenía las monedas en 10 saquitos iguales. Cierta noche Raúl, uno de los hijos, toma todas las monedas de uno de los sacos y coloca en su lugar monedas falsas que había conseguido, idénticas en su apariencia, pero ligeramente diferentes en peso.

Romualdo por fin se decide a depositar en el banco las monedas. Ya en el banco, Raúl, quien acompañaba a su padre, arrepentido, le cuenta lo que hizo. El padre se molesta mucho pero decide dar una pequeña oportunidad de reivindicarse a su hijo. Pide entonces al encargado del banco una báscula y le dice al hijo que si adivina en qué saco están las monedas falsas (con peso diferente) se puede quedar con todas las monedas, pero si no adivina, no le vuelve a hablar (duro castigo). Se sabe que las monedas verdaderas pesan 10 gramos cada una y las falsas un gramo más, o menos, es decir, 9 u 11 gramos. Raúl puede pesar todas las monedas que quiera, de los sacos que quiera, en la báscula, pero sólo puede usar dicha báscula una vez, es decir, sólo se vale que realice una lectura en la pantalla de la báscula. Raúl resolvió el problema, adquirió todas las monedas que eran del padre y las usó para salvaguardar la economía familiar.

¿Cómo lo hizo?, ¿cómo supo con una sola pesada en qué saquito estaban las monedas falsas?

38. EL FOCO MISTERIOSO

Estás frente a una puerta cerrada que conduce a una habitación a oscuras y con las cortinas cerradas, en la cual hay un foco apagado. Desde donde estás no podrías ver si el foco se enciende. A tu vista están cuatro interruptores de los cuales sólo uno enciende el foco de la habitación. Puedes activar o desactivar los interruptores cuantas veces quieras, pero sólo puedes entrar en la habitación una vez.

¿Cómo harás para determinar cuál es el interruptor que enciende el foco?

39. TRES SABIOS A PRUEBA

El rey Dadi Voso, del reino de Salsipuedes, muy aficionado a los acertijos, nuevamente quiso eliminar a sus 3 sabios consejeros y, como era su costumbre, les dio una oportunidad de salvarse, en forma de un nuevo y más difícil acertijo. Si lo resolvían se salvarían y si no, los condenaba a morir. El problema fue el siguiente:

Los hizo que se sentaran formando un triángulo, de tal suerte que cada uno de ellos mirara a los otros dos. Les dijo que contaba con 5 gorros: 3 blancos y 2 negros. Le pondría a cada uno un gorro de estos 5 y cada sabio vería los gorros de sus colegas pero no el propio. Una vez colocados los gorros, tendrían que adivinar el color del suyo. Obviamente no podrían ver los gorros restantes.

Y así fue: les colocaron simultáneamente a cada uno un gorro y, pasados unos cuantos segundos, los tres sabios a la vez, dijeron acertadamente el color de su gorro.

¿De qué color era el gorro de cada sabio y cómo razonaron?

40. ¿CUÁNTO DINERO NECESITAS?

Don Pablo tiene un sobrino en Estados Unidos de América que se llama Peter. Peter le manda un mensaje a Don Pablo solicitando dinero y como a Peter le gustan mucho los acertijos, se lo manda en clave. El mensaje dice así:

$$
\begin{array}{r}
S\ E\ N\ D \\
+\ M\ O\ R\ E \\
\hline
M\ O\ N\ E\ Y
\end{array}
$$

(*Send more money* quiere decir "manda más dinero") y Peter le explica a don Pablo que se trata de una suma en la que cada letra corresponde a un dígito diferente (mismas letras, mismos dígitos). "La cantidad que solicito –dice Peter– es el resultado de la suma."

¿Qué dígito corresponde a cada letra?, ¿cuál es la suma?

41. MISTERIO ESPANTOSO

En una lóbrega casa embrujada, aparece un fantasma en cuanto el reloj de pared comienza a dar las campanadas de la medianoche y desaparece con la última de éstas. Si el reloj tarda 6 segundos en dar 6 campanadas,

¿cuánto dura la presencia del fantasma?

42. LOS 8 PANES

Por el desierto cabalgaban rumbo a Damasco 2 beduinos,
Bahram y Hamir, y se toparon con un anciano jeque recostado,
casi exhausto, presa de hambre y sed. Los beduinos le ofrecieron
un poco de agua, y el jeque, una vez restablecido, relató que
había sido asaltado por un grupo de facinerosos. El anciano
preguntó a los beduinos si llevaban consigo algo para comer,
a lo cual Bahram contestó que le quedaban 5 panes
y Hamir, que le quedaban 3. El jeque propuso que compartieran
entre los 3 ese alimento y al llegar a Damasco les recompensaría
con 8 monedas de oro. Así lo hicieron y al llegar a Damasco,
al día siguiente, se habían comido entre los 3 los 8 panes.
El jeque cumplió lo ofrecido y dio 8 monedas de oro a los
beduinos: 5 a Bahram y 3 a Hamir. Entonces Bahram exclamó:

"El reparto no es equitativo: si yo di 5 panes me tocan 7
monedas y a Hamir, que sólo aportó 3 panes, le toca solamente
una moneda", y estaba en lo correcto.

¿Por qué dijo esto Bahram?

43. ADRIANA, LA VIAJERA (2º VIAJE)

Adriana fue esta vez en su carcachita de Xalapa a Barra de Canoas, a una velocidad de 120 kilómetros por hora y de allí regresó a Xalapa a 60 kilómetros por hora.

¿Cuál fue el promedio de velocidad que logró en ese recorrido?

44. DOÑA GERTRUDIS EN EL MERCADO

Doña Gertrudis llevaba huevos para vender en el mercado cuando se le cayó la canasta.

—¿Cuántos huevos llevaba? –le preguntaron.

—No lo sé –respondió–, sólo recuerdo que al contarlos en grupos de 2, 3, 4 y 5, sobraban 1, 2, 3 y 4 respectivamente, y que llevaba menos de 100.

¿Cuántos huevos llevaba doña Gertrudis?

45. JOYERO Y HOTELERO QUISQUILLOSOS

Para pagar su hospedaje de una semana, un rico joyero ofrece al hotelero una cadena de oro que tiene 7 eslabones. El joyero propone pagar un eslabón al final de cada día, pues no le gusta pagar por anticipado. El hotelero acepta con la condición de que el huésped pague diariamente su hospedaje y no se abra más de un eslabón de la cadena. Después de pensar un poco, el joyero acepta. El trato se cumple, el joyero se hospeda los 7 días en el hotel y paga al hotelero un eslabón al día, de la cadena de oro, sin abrir más que un eslabón.

¿Cómo pudo ser esto?

46. TIRAS SORPRENDENTES

Recorta 3 tiras largas de papel de 2 o 3 centímetros de ancho por 1 metro o 1.5 metros de largo aproximadamente. Con pegamento o cinta de pegar, une los extremos de cada una de ellas de manera que se formen 3 aros. Toma uno de los aros y córtalo por el centro como se muestra en la ilustración.

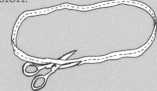

Formarás 2 aros separados, de la misma circunferencia que el que cortaste, pero de la mitad de ancho, como se muestra en seguida:

Pídele a un amigo que haga lo mismo con otro aro. Quedará sorprendido cuando vea que ahora resultó un solo aro de la mitad de ancho que el original, pero del doble de circunferencia:

Dile que pruebe ahora con el tercer aro. ¿Qué pasa? Ahora su sorpresa aumentará cuando observe que en vez de obtener 2 aros separados, obtuvo 2 aros enlazados:

¿Cómo lo lograrás?

47. LAS 3 HIJAS DE AGUSTÍN

Manuel y Agustín, 2 amigos muy aficionados a los acertijos, se encuentran por la calle: el primero le pregunta al otro: "¿Cómo están tus hijas y cuántos años tienen?". Agustín le contesta: "Bien, gracias, y en cuanto a sus edades, te diré que el producto de las 3 edades es 36 y la suma, el número de la casa en que vives". Manuel, a su vez, le dice: "Entonces, me falta un dato", y Agustín le contesta: "Es cierto, la mayor toca guitarra". Manuel dedujo acertadamente las edades de cada una de las hijas de Agustín.

¿Cuáles eran éstas y cuál fue el razonamiento de Manuel?

48. LA SEÑORA ANDONAEGUI VIAJA EN TREN

La señora Andonaegui, que se encuentra en la ciudad de Playasuave, va a viajar a la ciudad de Chacagua en el tren rápido que acaba de abordar. Son las 12 del día.

Cada hora sale un tren rápido de Playasuave a Chacagua y en su trayecto emplea 6 horas. Al mismo tiempo, sale uno de Chacagua a Playasuave y tarda lo mismo, de tal manera que cada hora sale un tren simultáneamente de cada una de esas 2 ciudades. Aparte del tren en el que está, **¿cuántos trenes verá la señora Andonaegui en su viaje, incluyendo el que está llegando en ese instante a Playasuave y el que verá en el momento de su llegada?**

49. LA FUERZA DE DUPLICAR

Toma una hoja de papel y córtala por la mitad. Pon las dos mitades juntas y córtalas por la mitad para obtener 4 piezas de papel. Júntalas y vuelve a cortar para obtener 8 piezas. Júntalas y corta de nuevo y obtendrás 16 piezas. Continúa con esta mecánica 42 veces. Por supuesto, como pronto descubrirás, no podrás.

¿Que tan alta sería la pila de papel que obtendrías si pudieras hacer esos 42 cortes? ¿Tan alta como tu mesa? ¿Como tu casa? ¿Como el Hotel de México? ¿Llegaría a la Luna?

50. UN PROBLEMA DE PESO

Atanasio, el tendero, dispone de una balanza y 4 pesas distintas, y estas pesas son tales que le permiten pesar cualquier número exacto de kilogramos desde uno hasta 40.

¿Cuánto pesa cada una de las pesas?

51. DEL 0 AL 9

0 1 2 3 4 5 6 7 8 9

¿Cómo colocarías un dígito en cada casilla de manera que el número de la primera casilla indicara la cantidad de ceros del total de casillas, el de la segunda la cantidad de unos, el de la tercera la cantidad de doses, (...) y el de la décima la cantidad de nueves?

52. LA PELOTA DIFERENTE

Disponemos de una balanza (de 2 platillos) y 12 pelotas aparentemente idénticas. Sin embargo, hay una que tiene un peso un poco diferente al de las demás, pero no sabemos si es más o menos pesada. Usando la balanza, **¿podemos determinar cuál es la pelota diferente y saber si es más o menos pesada que las otras, realizando sólo 3 pesadas?, ¿cuál es el procedimiento?**

53. QUIERES LLENAR TU ALBERCA

Tienes 3 surtidores para llenar tu alberca de agua: el surtidor A tarda 30 horas en llenarla, el B tarda 40 horas y el C, 5 días. Si pones a funcionar los 3 surtidores juntos, **¿en cuánto tiempo llenas tu alberca?**

54. MONETARIO

En la República de Playarrica existe un curioso sistema monetario. Tienen allí solamente monedas de 2 valores: de 7 centavos y de 10 centavos. Algunas cantidades no se pueden pagar exactamente y sin recibir cambio; por ejemplo, 6 centavos o 15 centavos. Con las monedas de Playarrica, **¿cuál es la mayor cantidad que no se puede pagar exactamente y sin recibir cambio?**

55. ÁGUILA O SOL

Coloca sobre una mesa varias monedas. Vuélvete de espaldas de manera que no puedas ver las monedas. Pídele a alguien que voltee las monedas una por una y diga: "Giro" cada que lo haga. Puede voltear las monedas rápidamente y puede voltear varias veces la misma moneda. Pídele que cubra una moneda con su mano. Entonces te das la vuelta y adivinas si la cubierta es águila o sol.

¿Cuál es el procedimiento para adivinar?

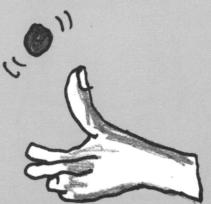

56. CUANDO SE INVENTÓ EL AJEDREZ

Hace muchos años, en la India, un modesto joven llamado Sissa Ben Dahir, del pueblo de Lahur, inventó el juego del ajedrez para alegrar al rey Ladava Shirham.* El rey, con ese juego, quedó embelesado y le ofreció al joven Sissa cualquier regalo que deseara. El inteligente súbdito pareció muy humilde en su deseo, pues dijo al rey: "Majestad: dadme un grano de trigo para poner en la primera casilla del tablero de ajedrez, 2 para poner en la segunda, 4 para poner en la tercera, 8 en la cuarta, y así, duplicando sucesivamente el número de granos de trigo en cada casilla siguiente; dadme suficiente trigo como para cubrir todas las 64 casillas del tablero".

"¡Qué modesto!", pensó el rey, y dijo en voz alta: "Concedido el regalo, joven Sissa". Enseguida mandó por un saco de trigo, pues quería ver con sus propios ojos que se cumpliera su promesa.

Cuando los granos se fueron sacando del costal y contando, el costal estaba vacío antes de que se completara la cantidad correspondiente a la vigésima casilla. Suponiendo que el trigo del costal hubiese sido suficiente para cubrir las casillas del tablero hasta la número veinte, ¿qué cantidad de granos de trigo, *grosso modo*, crees que habría en el costal? Elige entre estas tres:

    A) 10 000   *B)* 100 000   *C)* 1 000 000

¿Cuántos granos de trigo crees que se necesiten para cumplir con el deseo de Sissa y gratificarlo, es decir, para cubrir todo el tablero?

Escoge entre las siguientes cinco opciones:

    A) 100 costales de trigo.

    B) 1 000 costales de trigo.

    C) Suficiente trigo como para llenar un cuerpo geométrico con una base del tamaño de la provincia de Taligana y una altura de 100 veces la montaña del Himalaya.

    D) El trigo que se cosecharía cultivando todo el territorio de la India durante 100 años.

    E) Cerca de 18 millones de millones de millones de granos.
       18 446 744 073 709 551 615 granos.

* Si quieres leer más historias divertidas sobre el ajedrez las puedes encontrar en el *Ajedrecero*, de esta editorial.

Soluciones a
PRO
noC
NO
TAN
FÁ

1.

En este acertijo es muy importante leer bien el enunciado: "No ha acertado a poner bien ninguna etiqueta". Imagina que las etiquetas indican:

Caja 1 —————— canicas.
Caja 2 —————— semillas.
Caja 3 —————— corcholatas.

Al abrir la caja 1, supongamos que vemos que ésta contiene corcholatas (no puede contener canicas ya que eso es lo que indica equivocadamente su etiqueta).

En la caja 2 está la etiqueta de semillas, por lo que no las contiene, tampoco tiene las corcholatas pues ya vimos que están en la caja 1. Por lo tanto, sabemos que contiene canicas, que es lo único que nos queda por considerar.

Entonces sabemos, por eliminación, que en la caja 3 están las semillas. Conclusión: en la caja 1 están las corcholatas, en la 2 las canicas y en la 3 las semillas.

2.

$160 es la tercera parte de lo que gastaron Chole y Tomasa (gasto total) pues la siempre justa Yuriria puso su parte.

Total de gasto: $480.
Costo de cada pastel: $480/8 = $60.
Chole compró 3 pasteles a $60, pagó $180. Debe reponerse $20.
Tomasa compró 5 pasteles a $60, pagó $300. Debe reponerse $140.
Y así se reparten los $160.

3.

Resolveremos este acertijo yendo hacia atrás en los sucesos. Antes de cruzar por tercera y última vez el puente, Iván debía tener 4 rublos. Pero acababa de pagarle 8 al diablo.

Por consiguiente, tenía 12 rublos después del segundo cruce por el puente. Ahora bien, antes de este segundo cruce tenía 6 rublos, y antes de pagarle al diablo él debió tener 14 rublos. De acuerdo a esto, antes del primer cruce tenía 7 rublos, que fue la cantidad de dinero con que empezó.

4.

Hasán cede su camello, con lo que habrá 12; el primogénito recibe la mitad (6), el segundo una cuarta parte (3) y el tercero la sexta parte (2). Como 6 + 3 + 2 son 11, el beduino recuperará su camello y todos contentos. Al menos es de suponerse que ésa era la voluntad del difunto sultán Sharif.

5.

El primer sabio, cuando le tocó su turno de responder, razonó de esta manera:

Hay tres gorros blancos y dos negros. Si el tercer sabio hubiera visto dos gorros negros, habría dicho sin dudar: "Majestad, mi gorro es blanco". Como no respondió, significa que tenía dudas. Por lo tanto, hay dos posibilidades: o bien vio dos gorros blancos (posibilidad 1), o bien un gorro blanco y uno negro (posibilidad 2).

Según la primera posibilidad, mi gorro sería blanco. Con la segunda posibilidad, ¿quién tiene el gorro negro? Si lo tuviera yo, el segundo sabio habría razonado: "Veo que el primer sabio lleva un gorro negro. Si el mío fuera también negro, el último sabio habría respondido que el suyo era blanco y, por lo tanto el mío es blanco". Pero como no respondió, esto significa que quedó en la duda. Por lo tanto, de acuerdo a la segunda posibilidad, mi gorro es blanco. En conclusión, sólo hay una respuesta: "Majestad: mi gorro es blanco".

6.

Tres cortes. Abre los eslabones de uno de los 5 trozos y con ellos une los 4 trozos restantes.

7.

72 kilómetros por hora.

El total del recorrido es de 360 kilómetros.

Ida 180 a 90 kilómetros por hora.   2 horas

Regreso 180 a 60 kilómetros por hora.   + 3 horas

                                                   Total   = 5 horas

360 / 5 = 72 Promedio: 72 kilómetros por hora.

8.

Cuatrocientos cincuenta y cuatro (454), con 29 letras.

9.

Salomón Palomares es un enano y solamente alcanza hasta el botón del piso 17 en el tablero del elevador. En días lluviosos usa un paraguas, y con él se ayuda para apretar el botón del piso 20.

10.

Ocho veces.

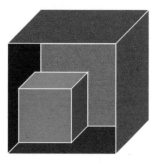

Volumen del primer cubo: Volumen del segundo cubo:
1 x 1 x 1 = 1 (metro cúbico).   2 x 2 x 2 = 8 (metros cúbicos).

11.

Compara 9 bolas cualesquiera con otras 9 y deja las 9 restantes en la bolsa (primera pesada). Si la balanza se equilibra, la bola más pesada estará entre las que han quedado en la bolsa y si no, estará entre las 9 del platillo que incline hacia su lado la balanza. Ya determinaste el grupo de las 9 donde está la más pesada. Divide en 3 grupos de 3 este conjunto y repite la operación (segunda pesada). De esta forma habrás aislado la bola diferente en 1 grupo de 3 bolas. Si repites la operación una tercera vez, habrás aislado la bola más pesada.

12.

36 palomas (comprobación: 36 + 36 + 18 + 9 + 1 = 100).

14.

Se inclina el barril hasta el máximo posible sin que el vino se derrame y se observa el nivel del vino en el interior, para percatarnos cómo está en relación con el extremo superior de la base del barril. Si el nivel del vino coincide con el extremo superior de la base del barril, el vino ocupa la mitad de su capacidad, o sea 50 litros. Si está por encima hay más de esa cantidad y si está por debajo, hay menos.

15.

El tío Roque tiene 30 años y el sobrino 20.

La única forma de que se cumpla la primera premisa es que las edades de tío y sobrino están en proporción de 3 a 2. Tres partes el tío y dos el sobrino. La diferencia de edades entre ambos es una parte. Así, para irnos a cuando el tío tenía la edad del sobrino, hay que restar una parte. El sobrino tendría una parte, o sea la mitad de lo que tiene ahora (dos partes), y las tres partes que tiene ahora el tío son el triple de la edad que el sobrino tenía (una parte).

Ahora bien, para la segunda premisa hay que irnos a cuando el sobrino tenga la edad del tío, o sea dentro de una parte. Si actualmente sobrino y tío tienen 3 y 2 partes, dentro de una parte, tendrán 4 y 3 partes. Sumadas dan 7 partes que según la premisa resultan 70 años. Por lo tanto cada parte representa 10 años. El tío tiene 3 partes y el sobrino 2; entonces el tío tiene 30 y el sobrino 20 años.

Verificación:

a) Cuando yo tenía tu edad (hace 10 años), tú tenías 10 años. Yo tengo actualmente 30 que es el triple de 10. Se cumple la primera premisa.

b) Cuando tú tengas los 30 años que tengo yo (dentro de 10 años), yo tendré 40. 30 + 40 = 70. Se cumple la segunda premisa.

16.

Aun cuando una bolsita esté en el aire, su peso cuenta, porque para lanzarla hacia arriba, Robustiano realiza una acción y según una de las leyes de Newton a toda acción corresponde una reacción de igual fuerza y en sentido inverso. Esa reacción substituye en todo momento al peso de la bolsa que está en el aire.

17.

25 veces. Se habrán cruzado tantas veces como vueltas hayan dado los 2, menos uno, por lo que se habrán cruzado 25 veces. Hay que hacer notar que al final no se cruzan, sólo se encuentran.

18.

Volteas los 2 relojes a la vez. Cuando cae toda la arena del de 5 minutos, quedan 4 en el de 9. En ese momento le das vuelta al de 5. Cuando se termina el de 9 (han pasado en total 9 minutos) queda un minuto en el de 5 y en este mismo ha caído arena por 4 minutos. En ese momento volteas el de 5 para que marque los 4 minutos restantes.

19.

Cuando a Orlando le tocó pasar delante de la caja de las bolas, metió la mano y cogió una de las bolitas y, sin mostrarla a nadie, se la metió en la boca y se la tragó. Inmediatamente dijo: "Yo he sacado la bola blanca; ahora sólo quedan en la caja las 9 bolas negras". Todos miraron dentro de la caja. Era verdad. El rey, que presumía de cumplir siempre lo que prometía, no pudo negarse a dejarlo en libertad.

20.

10 conejos y 15 guajolotes.

21.

66 segundos. Cuando da 6 campanadas hay 5 intervalos entre campanada y campanada. Si tarda 30 segundos, cada intervalo es de 6 segundos. Al dar las 12 habrá 11 intervalos: 11 x 6 = 66.

22.

Le resultó más favorable la segunda opción; ganó 25 pesos más.

1. 305 naranjas a $10 cada 5 naranjas; 305/5 = 61; 61 x 10 = **$610**

2. 152 grandes a $5 cada 2 naranjas; 152/2 = 76; 76 x 5 = 380
   153 pequeñas a $5 cada 3 naranjas; 153/3 = 51; 51 x 5 = 255
   $380 + $255 = **$635** $25 más

23.

Tres cajas pequeñas, conteniendo 1, 3 y 5 bolas respectivamente se hallan dentro de una caja mayor que las contiene a todas (9).

24.

En realidad no falta ningún peso. Lo capcioso está en el lenguaje. Se comete un error al plantear el problema. Cada uno paga $9. En total, son $27, y dentro de esa cantidad se incluyen los $2 de propina. El cómputo puede ser: $25 de los cafés más $2 de la propina, son los $27 que en realidad han pagado Bulmaro, Jacinto y Eleuterio.

25.

El collar de perlas estaba en el cofre de plata. Podemos decir que el razonamiento es por eliminación.

Si hubiera estado en el de oro la inscripción en este cofre habría sido verdadera y la del cofre de plata también (2 afirmaciones verdaderas). Eso descarta al cofre de oro porque sólo una afirmación puede ser verdadera.

Si hubiera estado en el cofre de cobre, la inscripción en este cofre habría sido verdadera y la del cofre de plata también (2 afirmaciones verdaderas). Eso descarta al cofre de cobre porque sólo una afirmación puede ser verdadera.

Únicamente queda el cofre de plata. Estando en este cofre el collar de perlas, sólo la inscripción del cofre de cobre sería verdadera. Se cumple el requisito y se comprueba que el collar de perlas estaba en el cofre de plata.

26.

Basta con pedirle a una de ellas que diga el color de los ojos de todas y cada una de las esclavas, diciendo sus nombres. Si dice la verdad, mencionará 2 esclavas con ojos negros y 3 con ojos azules, con lo cual estará resuelto el problema. Si por lo contrario, miente, mencionará 2 esclavas con ojos azules y 3 con ojos negros, y bastará con invertir su respuesta para saber el color verdadero de los ojos de cada una de las esclavas. Recuérdese que sólo mienten acerca del color de los ojos.

27.

Tenía 7 monedas.

28.

Das golpes al azar sobre las fichas que forman el reloj, pero al dar el golpe número 8, éste deberá ejecutarse en la ficha que simboliza las 12, el siguiente en la de las 11, el que sigue en la de las 10 y así, disminuyendo una hora cada golpe. El golpe que des cuando tu amigo te señale que llegó al 20, siempre indicará la hora que pensó.

29.

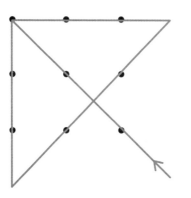

30.

Sacamos una canica del que erróneamente dice contener blancas y negras. Si es negra, significa que todas las de ese bote son negras y si es blanca significa que todas son blancas (no puede contener de ambos colores porque estaría correctamente puesta su etiqueta). En cualquiera de los 2 casos podemos etiquetarla con su etiqueta correcta, y lo hacemos. En alguno de los 2 botes restantes está puesta la etiqueta que indica el otro color y en el otro restante, sin etiqueta porque se la acabamos de quitar para corregir, sabemos que están las de ambos colores. Entonces ya sabemos lo que contiene cada bote y podemos etiquetarlos adecuadamente.

31.

40 kilómetros.

Para encontrarse, Clemente y Marcelo recorren, cada uno de ellos, 20 kilómetros de manera simultánea. Por lo tanto emplean 2 horas. La mosca, a 20 kilómetros por hora, recorre en esas 2 horas, 40 kilómetros.

32.

Paralelepipeditos.

33.

20 aprobaron, de los cuales uno era del profesor Bach.

Veamos: el número de aprobados debe ser un entero igual o inferior a 36 y el único con estas características que tiene 5% entero es el 20. Por lo tanto, 20 fueron los alumnos aprobados y de ellos, uno era discípulo del profesor Bach, equivalente al 5% del total de aprobados.

34.

Blanco. Por la situación geográfica eso sólo pudo haber ocurrido exactamente en el Polo Norte.

35.

Se sugiere ensayar la solución con botones o semillas de diferentes colores.

Viaje 1.	Pasa Chompepe con otro caníbal.
	Vuelve Chompepe.
Viaje 2.	Pasa Chompepe con el otro caníbal.
	Vuelve Chompepe.
Viaje 3.	Pasan dos normales.
	Vuelven un caníbal y un normal.

Viaje 4.	Pasan Chompepe y un normal.
	Vuelven un caníbal y un normal.
Viaje 5.	Pasan dos normales.
	Vuelve Chompepe.
Viaje 6.	Pasan Chompepe y un normal.
	Vuelve Chompepe.
Viaje 7.	Pasa Chompepe con el caníbal restante.

36.

$31.63

Le pagaron $63.31. Al restar de esta cantidad los 5 centavos que regaló, le quedan $63.26 que es el doble de $31.63.

37.

Numeró los 10 sacos. Tomó una moneda del primer saco, 2 monedas del segundo, 3 del tercero y así sucesivamente hasta el décimo saco. Pesó las monedas escogidas, que resultaron ser 55 (1 + 2 + 3 + 4 + 5 + 6 + 7 + 8 + 9 + 10 = 55). Si fueran las monedas originales habrían pesado 550 gramos. Por tanto, hay que observar cuál es la diferencia entre el resultado de la pesada y 550. Si, por ejemplo, la diferencia es de 1 gramo, el saquito de las falsas es el número 1; si la diferencia es de 2 gramos, el saquito es el 2, si es de 3 gramos, el saquito es el 3, etcétera. Por supuesto que si la diferencia es de más, las monedas falsas pesan más, y viceversa.

38.

Enciendes el primero y el segundo interruptor. Al cabo de un rato apagas el primero, enciendes el tercero y entras de inmediato en la habitación:

Si el foco está apagado y caliente es el primer interruptor el que enciende el foco.

Si el foco está encendido y caliente, es el segundo.

Si el foco está encendido y frío, es el tercero.

Si el foco está apagado y frío, es el cuarto.

39.

Al pasar unos segundos, los 3 dijeron al mismo tiempo: "Mi gorro es blanco", y acertaron.

Si hubieran puesto 2 gorros negros y uno blanco, el del gorro blanco habría sabido de inmediato, antes que los otros 2, el color de su gorro. No fue así, por lo que esa posibilidad se descarta. Si los gorros fueran 2 blancos y uno negro, cada uno de los de gorro blanco vería en las cabezas de sus compañeros un gorro blanco y uno negro, y pensaría: "Si mi gorro fuera negro, mi compañero del gorro blanco vería 2 gorros negros y sabría de inmediato que su gorro es blanco. Como no lo supo de inmediato, mi gorro es blanco. Entonces los 2 de gorro blanco deducirían acertadamente y antes que el otro sabio, el color de su gorro. Como no fue así, puesto que pasaron unos segundos sin que los sabios se expresaran, la única otra posibilidad que queda es que cada uno veía 2 gorros blancos porque los 3 tenían tales gorros. Así razonaron los sabios y se libraron de la terrible amenaza del rey Dadi Voso.

40.

$$
\begin{array}{r}
9\ 5\ 6\ 7 \\
1\ 0\ 8\ 5 \\
\hline
1\ 0\ 6\ 5\ 2
\end{array}
$$

41.

13.2 segundos. Seis campanadas tienen 5 intervalos. Los 6 segundos de duración de las campanadas se dividen entre 5 y nos resulta 1.2 segundos. Es lo que dura cada intervalo. En las 12 campanadas de medianoche habrá 11 intervalos.

11 x 1.2 = 13.2

42.

Asumiendo que al comer compartieran los panes por partes iguales, correspondería 8/3 de pan a cada uno. Bahram, el beduino que poseía 5 panes, ha contribuido para el alimento del jeque, con 5 - 8/3. Esto equivale a 7/3, mientras que Hasir, que poseía 3 panes, ha contribuido con 3 - 8/3, que equivalen a 1/3. Por lo tanto, Bahram contribuyó 7 veces más que Hasir, y debe recibir 7 veces más monedas que este último.

43.

80 kilómetros por hora.

Diremos que la distancia de Xalapa a Barra de Canoas es de x kilómetros.

Por lo tanto, el recorrido total es de $2x$ kilómetros.

Tiempo en horas de ida: x kilómetros a 120 kilómetros por hora, es $x/120$

Tiempo en horas de regreso: x kilómetros a 60 kilómetros por hora, es $x/60$

Total del tiempo: $x/120 + x/60 = x/120 + 2x/120$

$x/120 + 2x/120 = 3x/120$

$3x/120 = x/40$

Promedio: $2x : x/40 = 80x/x$

$80x/x = 80$

44.

Llevaba 59 huevos.

   Verificación:

$59 = 29 \times 2 + \mathbf{1}$

$59 = 19 \times 3 + \mathbf{2}$

$59 = 14 \times 4 + \mathbf{3}$

$59 = 11 \times 5 + \mathbf{4}$

45.

El joyero abre el tercer eslabón. Quedan 3 trozos de cadena: uno de un eslabón, otro de 2 y otro de 4.

Después:

   Día 1. Da el trozo de un eslabón.

   Día 2. Da el trozo de 2 eslabones y le devuelven el de uno.

   Día 3. Da el trozo de un eslabón.

   Día 4. Da el trozo de 4 y le devuelven los otros.

   Día 5. Da el trozo de un eslabón.

   Día 6. Da el trozo de 2 y le devuelven el de uno.

   Día 7. Da el trozo de uno.

46.

Los aros lucirán iguales pero realmente no lo serán. El truco está en cómo unes las tiras. La primera tira la unirás en forma normal.

En la segunda, antes de unir sus extremos le darás medio giro al papel.

En la tercera, antes de unir sus extremos le darás un giro completo al papel.

47.

9, 2 y 2:

De todas las combinaciones de 3 números cuyo producto es 36 sólo existen 2 que a su vez tengan entre sí el mismo resultado al ser sumadas. Teniendo en cuenta que Manuel, a quien le ponen el acertijo, sabe en qué casa vive, duda entre estas 2 combinaciones (tienen que ser 2 o más, puesto que si fuera una sola, no le habría faltado ningún dato a Manuel para resolver el acertijo) y es cuando pide un dato más para poder resolverlo.

$9 \times 2 \times 2 = 36,$ $9 + 2 + 2 = 13$
$6 \times 6 \times 1 = 36,$ $6 + 6 + 1 = 13$

Sólo la primera combinación es posible ya que en la segunda existirían 2 hermanas mayores y el último dato era que la mayor (sólo una) tocaba guitarra.

48.

Trece trenes. El tren que va llegando a Playasuave en el momento de partida de la señora Andonaegui salió de Chacagua a las 6 de la mañana. La viajera verá todos los trenes que salieron a partir de ese momento y hasta las 18 horas, en que ella llegue, de tal manera que verá los que salieron a las 6, a las 7, a las 8, a las 9, a las 10, a las 11, a las 12, a las 13, a las 14, a las 15, a las 16, a las 17 y a las 18 horas.

49.

La respuesta correcta es que la pila llegaría a la Luna y más. El cálculo es como sigue:

Un corte genera una pila de 2 hojas, o sea, 2 hojas de espesor; 2 cortes originan 4 hojas de espesor; 3 cortes, generan 8 hojas de espesor. Así, 42 cortes producen una pila de 2 x 2 x 2 x… (42 veces) hojas de espesor, o sea 4 398 046 511 104 centésimas de centímetro de espesor (es decir, de alto).*

Divide esta cifra entre 100 para obtener el grueso en centímetros; entonces divide otra vez entre 100 y te dará en metros, y entre 1 000 para obtener kilómetros. El resultado es de 439 804.651 kilómetros, los cuales representan una distancia que sobrepasa en mucho a la que hay entre la Tierra y la Luna (384 400 kilómetros). Créelo o calcúlalo, tú decides.

50.

Las pesas son de 1, 3, 9 y 27 kilogramos Con estas pesas Atanasio siempre encontrará una combinación. Por ejemplo, para pesar 23, la combinación es 27 - 3 - 1, y así, hay una combinación para cada uno de los demás pesos. En el ejemplo, se pone la pesa de 27 kilogramos de un lado y las otras dos del otro lado.

51.

6	2	1	0	0	0	1	0	0	0
0	1	2	3	4	5	6	7	8	9

---

*Para este cálculo estimamos que el grueso de la hoja de papel *bond* común es 0.01 centímetro. Es decir, 100 hojas harían un centímetro.

52.

1. Se forman 3 grupos de 4 pelotas cada uno.

2. Se balancean 2 grupos (primera pesada).
   Existen 2 probabilidades: *a)* que pesen igual, *b)* que pesen diferente.

   a) Si pesan igual, entonces la pelota que buscamos está en el tercer grupo, el que no se pesó, por lo que de este último grupo se toman 3 pelotas y se balancean contra 3 pelotas de cualquiera de los 2 primeros grupos (segunda pesada).

   Nuevamente existen 2 probabilidades: *I)* que pesen igual y *II)* que pesen diferente.

   I) Si pesan igual, entonces la pelota que buscamos es la que se apartó del tercer grupo y lo único que hay que determinar es si es liviana o pesada; para ello se balancea contra cualquiera de las 11 pelotas (tercera pesada).

   II) Si pesan diferente, sabremos 2 cosas: que la que buscamos está entre las 3 del tercer grupo y además si es liviana o pesada ya que si la charola subió, entonces la que buscamos es liviana, pero si la charola bajó, entonces la que buscamos es pesada, por lo tanto se toman 2 de las 3 sospechosas y se balancean entre sí (tercera pesada); a partir de este resultado se deducirá cuál de las 3 es la que se busca porque ya sabemos si es liviana o pesada.

   b) Si en la primera balanceada el grupo 1 y 2 pesan diferente, entonces deduciremos que hay 4 pelotas que pesan igual: las del grupo 3. Llamémosles a los grupos resultantes *pesadas*, *livianas* e *iguales*.

Para la siguiente comparación se procederá de la siguiente manera: charola 1: 3 *pesadas* y una *liviana*, y charola 2: 3 *iguales* y una *pesada*, de tal forma que 3 *livianas* quedarán fuera de la comparación (segunda pesada).

Ahora existen 3 probabilidades: *I)* que pesen igual, *II)* que la charola 1 suba, *III)* que la charola 1 baje.

I) Si pesan igual, entonces la que buscamos es *liviana* y está en las 3 que se apartaron, por lo que se procede a balancear 2 de ellas (tercer pesada), a partir de este resultado se deducirá cuál de las 3 es la que se busca.

II) Si la charola 1 sube, solamente tendremos 2 pelotas sospechosas, la *liviana* de la charola 1 y la *pesada* de la charola 2, por lo que se procede a balancear cualquiera de estas dos sospechosas con cualquiera de las otras 10 (tercera pesada); a partir de este resultado se deducirá cuál de las 2 es la que se busca.

III) Si la charola 1 baja, entonces deduciremos que la que buscamos es pesada y se encuentra entre las 3 *pesadas* de la charola 1, así que se toman 2 de ellas y se balancean entre sí (tercer pesada), a partir de este resultado se deducirá cuál de las 3 es la que se busca.

53.

15 horas.

El *A* tarda 30 horas en llenar. En una hora llenará 1/30 de alberca.

El *B* tarda 40 horas. En una hora llenará 1/40 de alberca.

El *C* tarda 5 días, es decir 120 horas. En una hora llenará 1/120 de alberca.

Los tres juntos en una hora llenarán 1/30 + 1/40 + 1/120 de alberca.

1/30 + 1/40 + 1/120 = 4/120 + 3/120 + 1/120 (El mínimo común múltiplo de 30, 40 y 120 es 120.)

4/120 + 3/120 + 1/120 = 8/120

8/120 = 1/15

Si con los 3 surtidores funcionando juntos, en una hora llenan 1/15 de alberca, en llenar la alberca completa se tardarán 15 horas.

54.

53 centavos. Cualquier cantidad superior a ésta se puede pagar exactamente con las monedas mencionadas.

55.

Antes de ponerte de espaldas cuentas cuántas águilas están a la vista. A ese número sumas uno cada vez que la persona dice: "Giro". Si el resultado es par, el número de águilas será par, y si es non, el número de águilas será non. Al volver a ver las monedas fácilmente sabrás si la moneda cubierta es águila o sol, porque será ésta la que determine el número de águilas en pares o nones, de acuerdo a la explicación anterior.

56.

Un costal de trigo contiene cerca de un millón de granos de este cereal y para terminar de cubrir las primeras 20 casillas se necesitan 1 048 575 granos.

En cuanto a la segunda pregunta, las respuestas *A)* y *B)* están muy alejadas de la realidad, la *C)* y la *D)* se acercan mucho a lo correcto, y la *E)* es la correcta y exacta.

La cantidad que pidió Sissa es inimaginable. Por supuesto el rey no pudo cumplir su promesa pero premió la inteligencia y discreción del joven nombrándolo su primer ministro.

Vías de tren

¿Cuál de las dos líneas horizontales –que son los durmientes entre las vías– es más larga, la verde o la anaranjada?

R= Son iguales.

Las dos *t* invertidas

¿En cuál de las dos *t* la base es igual a la altura?

R= En la roja.

Paralelas

¿Son paralelas entre sí las líneas verdes?

Los cuadritos que aparecen y desaparecen

Mira fijamente este conjunto de cuadros. Seguramente verás manchitas grises que aparecen y desaparecen en los cruces blancos, aun cuando no hay nada gris pintado en la ilustración.

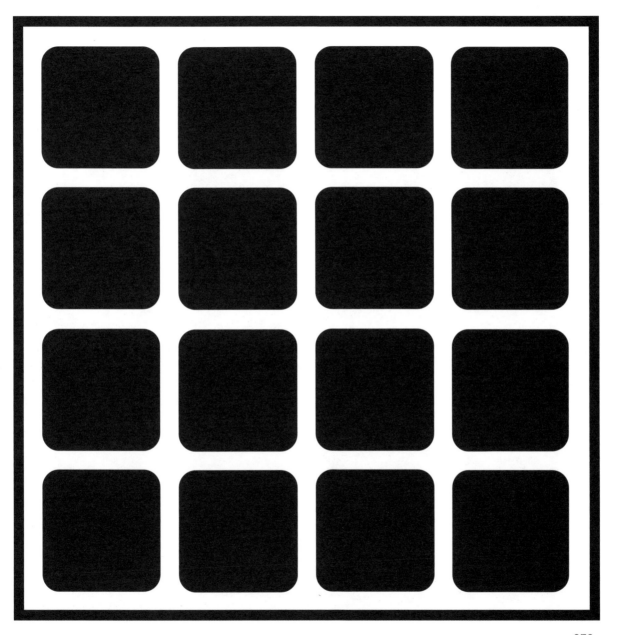

Distancia entre puntos

¿Cuál está más cerca del punto **rojo**, el punto **verde** o el **azul**?

¿Cuál de los dos personajes es más grande: el perseguidor o el perseguido?

R= Son iguales en tamaño.

Arcos
¿Cuál de estos tres arcos es más curvo y cuál menos?

Vaso largo en plato

¿Qué es más largo la altura del vaso o el diámetro del plato?

Pantalla y maceta

De las líneas moradas que aparecen en los dos dibujos (pantalla y maceta), ¿cuál es más larga?

Abanicos

De los dos abanicos, ¿cuál es el más ancho?

276
277

El cubo extra

Observa atentamente estos seis cubos:

¿puedes ver de alguna manera en que percibas uno más?

Flechas encontradas
¿Cuál es mayor, la línea azul (en la flecha de doble punta) o la morada?

IMÁGENES

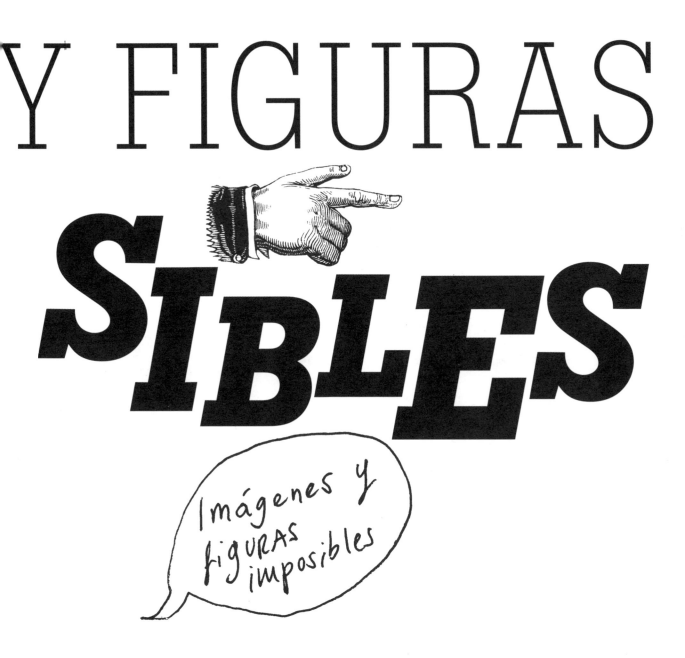

Triángulo
imposible

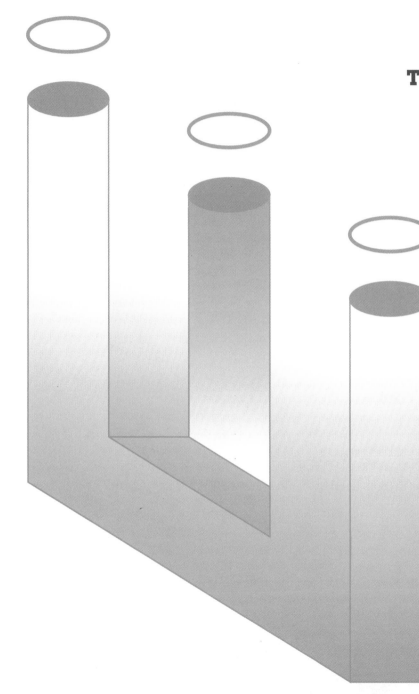

TUBOS IRREALES

Torre
cambiante

Trata de precisar la figura que está
frente a tus ojos y a que no puedes:
se cambia como si un momento
estuvieras viendo por encima y de
pronto por debajo de ella.

terminó de imprimirse en 2015
en los talleres de Editorial Impresora Apolo, S.A. de C.V.
Centeno 150-6, colonia Granjas Esmeralda,
delegación Iztapalapa, 09810, México, D.F.
Para su composición se utilizó la fuente
Boton con sus variantes Light, Light Italic, Regular, Italic,
Medium, Medium Italic, Bold y Bold Italic.